稻盛和夫
为什么能持续成功

日本 **现代经营者研究会**◎著

周征文◎译

人民东方出版传媒
People's Oriental Publishing & Media

東方出版社
The Oriental Press

图书在版编目（CIP）数据

稻盛和夫为什么能持续成功 / 日本现代经营者研究会 著；周征文 译 . — 北京：东方出版社，2020.6

ISBN 978-7-5207-1503-4

Ⅰ . ①稻… Ⅱ . ①日… ②周… Ⅲ . ①稻盛和夫 (Kazuo, Inamori 1932–) —人生哲学 Ⅳ . ① K833.135.38 ② B821

中国版本图书馆 CIP 数据核字（2020）第 060204 号

稻盛和夫为什么能持续成功

（ DAOSHENG HEFU WEISHENMO NENG CHIXU CHENGGONG ）

作　　者：	日本现代经营者研究会
译　　者：	周征文
责任编辑：	贺　方　钱慧春
责任审校：	凌　寒　谷轶波
出　　版：	东方出版社
发　　行：	人民东方出版传媒有限公司
地　　址：	北京市朝阳区西坝河北里 51 号
邮　　编：	100028
印　　刷：	北京文昌阁彩色印刷有限责任公司
版　　次：	2020 年 6 月第 1 版
印　　次：	2020 年 6 月第 1 次印刷
开　　本：	880 毫米 ×1230 毫米　1/32
印　　张：	6.125
字　　数：	102.7 千字
书　　号：	ISBN 978-7-5207-1503-4
定　　价：	38.00 元

发行电话：（010）85924663　85924644　85924641

目录
CONTENTS

第三章　开启命运之门

序

追求"敬天爱人"的理念

一、稻盛和夫为何会持续成功

如今，纵观日本的企业家们，似乎难有新的伟人出现，而许多知名企业的经营状况也趋于摇摆，缺乏持续性和稳定性。在这样的大环境下，稻盛和夫的集团及旗下企业却犹如常青之树，不断取得成功。其原因何在呢？

在我看来，其缘由显而易见，那就是"敬天爱人"。本书旨在详细论证这个观点。

在我的职业生涯中，占较大比重的课题是研究吉田松阴和稻盛和夫的人生轨迹。从他们身上，人们可以获得宝贵的精神食粮，对于当今的日本人而言，他们可谓坚持"理想的活法"的楷模。

我陆续发表了一些相关著作，包括《西乡隆盛的教诲——

西乡南洲遗训》《言志四录——佐藤一齐的教诲（南洲手抄言志录）》《吉田松阴的教诲（新渡户稻造原著译本）》等。这些是我毕生研究工作的里程碑。

在进行上述研究过程中，我不停地思考：能不能整理出一些具有启蒙作用的具体事例，从而让如今的人们能够理解他们的伟大之处？于是乎，一个形象闪现在我的脑中。那便是稻盛和夫，一位成长于战后的企业家，也是日本企业家中"最后的伟人"。

纵观近现代史，欧美等西方列强不断叩开亚洲各国的国门，迫使许多国家成为它们的殖民地。唯有日本一直保持独立，并逐渐拥有与西方列强平等相处的实力，且在经济方面也取得了跃升为发达国家的成就。纵观那时日本的商界，伟大的企业家不在少数。其中最广为人知的要数松下幸之助、本田宗一郎、井深大、盛田昭夫等。如果追溯至二战前，则还有涩泽荣一和丰田佐吉。他们饱含着血汗的努力，正是日本资本主义繁荣的基石。

对于这些伟大企业家的活法和方针，只要稍作调研，就能明白其共通之处，即坚定不移的信条和思想。而纵观他们的信条和思想，有的基于正义气概，有的基于奉公之道，有的基于慈悲之念，有的基于利他之心。而在当今日本商界乃至社会，这样的精神却似乎在逐渐消失。也正因如此，在日本当今的新锐企业家中，恐再无真正值得崇敬之伟人。唯有稻盛和夫先生，可谓是依然活跃在社会各界的伟大企业家。

正如《论语》所云，子曰：为政以德，譬如北辰，居其所而众星共之。稻盛和夫把"敬天爱人"作为人生准则，并始终践行这一准则。这也是不少人敬佩并追随其"以德经商"理念的原因。说到"敬天爱人"，可能有人会觉得这像大道理一样是一种说教。企业是人的集合，要让秉性各异的个体团结一致朝着特定的目标努力并取得成果，就必须基于一定的理念。这并不是日本的特殊国情，纵观研究欧美各个超优良企业的相关报告，可以发现，同样存在类似的理念。

当今，获得风投的各种日本 IT 企业如雨后春笋般出现，却又一批批地急速消亡。究其原因，这些年轻企业家领导的公司往往缺少决定性的要素——德，即类似"敬天爱人"这种正确且具有说服力的理念。

因此，我这个西乡隆盛的忠实拥护者想大声疾呼："现在的日本人啊，请向稻盛和夫学习！"

心怀上述念头的我，有一天得知了一个喜讯：综合法令出版社编辑部的有志者们打算研究和分析稻盛和夫的成功秘诀。该出版社的编辑们一直致力于预测经济动向和研究企业家们的成功事例，而在我得知他们的新选题企划后，便要求参与其中。最后我不仅得偿所望，而且承担了为本书写序的任务。说到这家出版社的图书，具有代表性的有《本田宗一郎热血语录》《稻盛和夫与松下幸之助》《合伙人故事——井深大与盛田昭夫》等，这些书皆为对优秀企业家的评论。而我希望本书也能在其出版史中留下光辉灿烂的一笔。

二、敬天爱人的由来

京瓷公司总部是稻盛和夫创业的起点，也是这家世界级大企业的中枢，位于日本京都市伏见区竹田鸟羽殿町。对这个地址是不是有点熟悉？没错，那里就是历史上著名的"鸟羽·伏见之战"的爆发地。通过这场战争，西乡隆盛开启了日本明治维新的篇章。

京瓷公司总部门前立着一块碑，碑上刻着"敬天爱人"四个大字。而在公司里面，这四个字也是随处可见。因为"敬天爱人"是京瓷的立身之本。

而西乡隆盛这位日本历史上的英雄、日本人的精神支柱、伟大的政治家，似乎也在冥冥之中守护着这家公司。京瓷公司的地理位置和内部的文化，让每名员工都会自然而然地铭记"敬天爱人"的理念。这也正体现了稻盛先生这位企业家天才般的眼力和英雄般的决断力。

关于西乡隆盛提倡的"敬天爱人"，本书会围绕《南洲遗训》做详细阐述。而在这里，请允许我先带大家进行一次小小的"思想之旅"，一窥敬天爱人的精神世界。

顺便提一下，我先前研究过著名思想家、教育家福泽谕吉的《劝学篇》，将其翻译成现代文并出版——《（图解·速成）劝学篇新译》。与此同时，我还研究了日本启蒙思想家中村正直的译著《西国立志篇》（塞缪尔·斯迈尔斯所写的 *Self Help*，中村正直翻译时改了书名），并尝试将其中一部分内容译成了现代文，然后加以解说。

我之所以着眼于这两本书，是因为它们是明治年间被日本人极度追捧的著作。当时几乎所有的年轻人都将它们视为"红宝书"，不少人从中获得了实现志向的勇气，其中一些人也的确成了日后建设日本的栋梁之材。而直到现在，它们也是每个日本人都应该读一读的成功学经典。

让我们来看一看这两本书的开头部分（以下引用内容皆为本人的现代文翻译）。

劝学篇

天不生人上之人，也不生人下之人。

人天生一律平等，不是生来就有贵贱之别的。人类作为万物之灵，本应凭身心的活动，取得天地间一切物资，来满足衣食住的需求，因此大家自由自在、互不妨害地安乐度日。

自助论

自助者天助。

人类在通过了命运的重重考验后，才总结出了这句格言。它是如此简短，却浓缩了无数人的经验，揭示了人生的成功法则。

自助精神是让一个人获得真正成长的根本要素。而在一个国家里，领会这种精神的国民数量，将会直接影响该国的活力和国力。

我之所以引用这两本书的开头部分，是因为它们都提倡了崇高的精神，体现了天与人之间应有的美妙关系。

福泽谕吉也好，中村正直也好，都是精通中西文化之人，他们年轻时先打好了扎实的汉文基础，之后又深入学习了西方文化，成为向日本人介绍西方先进文明的先驱者。

换言之，他们两位都曾经努力摸索，试图总结出包括日本在内的东方文化与西方文化各自的长处，并在此基础上创造出一种有益于日本国民的思维方式。

他们也都着眼于"天"与"人"的伟大本质，让我们来看一下他们的思想发展轨迹。

先说中村正直，出身下级武士的他，是第一个翻译 *Self Help* 的日本人（当时在日本出版的书名改为《西国立志篇》）。由于家境贫寒，他母亲四处筹措，才使他能够完成学业。

10 岁时，他在昌平黉（亦称昌平坂学问所，当时幕府的最高学府）接受名为"素读吟味"①的考试，他不但通过，还获得了奖学金（白银3枚）。这在昌平簧的历年"素读吟味"考试中尚属首次。

24岁时，他被聘为"学问所"（江户时代的教学机构）的教授。35岁那年，他志愿前往英国留学，最终以领队监督的身份，与其他12位年轻留学生赴英。

后来明治维新运动开始，德川幕府倒台，中村正直也不得不中断留学而回国。临行之际，他的好友H·U·弗里兰德送了他一本书作为饯别之礼。那本书正是塞缪尔·斯迈尔斯的*Self Help*。在回日本的船上，中村正直把这本书看了好几遍，甚至都能背诵一半内容了。

回国后，他在静冈静养，目睹昔日的幕府官员们消极堕落，于是决定激励他们。而更重要的是，他希望当时所有的日本人都能够直面新时代，实现飞跃。本着这样的期许和目的，他开始翻译*Self Help*。于1870年（明治三年）年末，完成翻译工作。

前面提到，这本书以《西国立志篇》的书名出版。一经出版，它便成为人们争相阅读的对象，在学生中更是十分流行。

当时的日本人口大约为3000万，而该书的销量却超百万部，着实令人惊叹。

---

① 素读吟味是昌平簧的一种入学考试，面向年满17岁的考生。试题内容出自四书五经，考生需要大声念诵考官指定的典籍段落。

有意思的是，在出版《西国立志篇》之前，中村正直在1868年（明治元年）写了一篇名为《敬天爱人说》的文章。文章以汉文写就，我在这里引用的是作家林房雄的现代文译本。内容稍微有些长，可是对于理解西乡隆盛的"敬天爱人"理念也好，对于学习深刻影响日本的"天人关系""天命思想""成功的真正含义"也好，我觉得都大有裨益。

"天乃生我者，即吾之父。众人皆为天所生，皆与吾同，即吾之兄弟姐妹。故须敬天也。"

天无实体，却通晓万事；天无实感，却遍在四处。人的一言一行，一举一动，善恶之念，心中所思，皆在其观察之下。国法的赏罚或许尚有疏漏，但天道所降祸福则不然，虽有早有迟，但时候一到，果报必至。如果人能够顺应天意，行爱他人之仁义之举，则能获得清澈心境，使天喜悦。反之，若行不仁之举，则心境污浊、堕入恐怖迷离，使天震怒。

自古以来，善人君子皆怀敬天之心，以仁爱待人。并根据不同境遇，做到问心无愧、尽职尽责。因此能做到享富贵不骄，立功勋不傲，受困苦不忧，无功名不馁。哪怕遭遇灾祸，也不影响自己悠然自得之平常心。为什么能做到这样呢？因为他们坚信天道是"信赏必罚"的。

反之，假如不明天道，便会与人争与世争，并不惜把别人踩在脚下。偶有才能，因学识广博而获取功名，却立刻变得恃才傲物目中无人；一旦自己的愿望没能达成，便毫无理由地发泄不满；一旦遭遇祸患，便怨天尤人。这些无明之举皆因自私自利所起。私心闭塞心眼，使"爱人利他"之念荡然无存。

敬天是德行之根本。若敬天之国民众多，则国必昌盛；若敬天之国民极少，则国必衰败。

那何为"爱人"呢？只要敬天，自然爱人，即爱吾之同胞。人无法单靠自己活着，众人相依互助，方能获得安定生活。自己所需之物由他人生产制造，此恩惠之大，可谓无法估量。换言之，我们一直在受他人恩惠，因此自身也必须反哺他人。可见，"爱人"乃自然之常理，也是社会运作之系统，即便不想这么做，也是不可能的。因此，善人君子选择"爱人"的活法——不贪图自身安逸而差使别人，而是选择以自身劳苦来贡献他人。

这是多么高尚的思想境界！上述内容想必可以帮助读者理解西乡的"敬天爱人"理念。

中村正直由于曾留学英国，因此其思想也受到了基督教的强烈影响。而据说西乡也阅读过基督教的文献。

在年轻时，中村正直是日本儒学泰斗佐藤一齐的弟子，因此儒学造诣颇深。而西乡在被发配至冲永良部岛后，曾在牢房中抄写和背诵佐藤一齐的著作《言志四录》。

在书中，西乡发现了超越东西方文化的人类及宇宙的真理。换言之，人类在漫长的进化和发展中，获得了一件"宝物"，那便是"敬天爱人"。

西乡隆盛多次死里逃生、克服险境，并把在这一过程中的所学所悟付诸实践。这便是他的人生轨迹。他亲身感受到了天意的真实不虚和殊胜珍贵，并悟到了正确的活法——为世人做贡献。西乡坚信，这是上天给予他生命的目的，是他义不容辞的使命。

再说福泽谕吉，他非常热爱和尊敬西乡，把他称为"人民的伙伴"。因为西乡悟到了人生的真谛，他敬天道、爱世人，努力改良社会，为的是让国民生活幸福。

这种"敬天爱人"的境界，既是古时孔子和耶稣基督所提倡的终极关怀，也是人类都应追求的正确活法。

这一道理亘古不变，放诸四海而准。不管是全球性的环境问题、政治问题，还是商业活动领域的行动方针，乃至个体的人生成功之道，全部适用。

三、稻盛和夫的不断成功验证了"敬天爱人"才是人类应该追求的活法

世界知名的汽车制造商"丰田",可谓无人不知,其创始人丰田佐吉最初只是一名年轻的木工学徒,后来由于受到中村正直的《西国立志篇》和二宫尊德语录(在天之下信天,以诚实之心,为社会和世人努力劳作,方能获成果)的激励而开始创业,并把二者的思想作为企业的方针,使公司不断发展壮大。丰田佐吉认为,不管是经营企业还是日常工作,并不只是为了赚取金钱和获得利益。他曾不断强调,为国家和社会做贡献才是首要目标。

当年,丰田佐吉第一次赴美旅行,看到路上行驶的汽车,立刻察觉到了时代动向,"这正是今后能为人们提供便利的工具",于是命令其子丰田喜一郎专注于汽车的研发制造。

丰田的成功秘诀并不只是高效率的"改善型"生产管理系统。丰田佐吉的"为社会、为世人做贡献"的深层理念,才是丰田获得成功的首要原因。假如忘记初心,陷入"利益第一主义"的陷阱,丰田便不再是丰田。

而京瓷与丰田又极其相似。只要坚持"敬天爱人"的企业理念,全日本社会乃至全世界就不会丧失对京瓷的厚爱。

反之,倘若京瓷抛弃了稻盛和夫的经营哲学和"敬天爱人"的理念,京瓷就会失去大家的支持,甚至连上天都会放弃它。

可见，在生活和企业经营中遵循"敬天爱人"并不断取得成功的稻盛和夫，是证明这一道理真实不虚的珍贵模范和榜样。不仅如此，他就像福泽谕吉评价的西乡隆盛那样，是"人民的伙伴"，也如同美国第二届总统约翰·亚当斯赞扬的本杰明·富兰克林那样，是"人类之友"。

本书会比较稻盛和夫和西乡隆盛的人生和思想，从而翔实地证明"为什么说'敬天爱人'才是人类应该追求的活法"。而在比较研究的过程中，也会首次为广大读者揭示稻盛和夫不断成功的真正原因。

第一章

稻盛和夫与西乡隆盛

敬天爱人

学习稻盛和夫与西乡隆盛的现实意义

　　自明治时代以来，西乡隆盛是日本人最崇敬的伟人，其活法更是成为大家的典范。当今日本，稻盛和夫是商界人士、企业家及不少年轻人敬爱的人物，也是大家学习的榜样。

　　这两位不仅都出生于鹿儿岛甲突川附近，还都扎根于京都地区。更让人称奇的是，他们在活法、思维方式，以及对社会的影响方面，皆有共通之处。他们的赤子之心、满腔热情、积极向上的态度、领导才能、为世人和社会做贡献的品格，以及受人尊敬的风骨……其相似点数不胜数。

　　此外，虽然他们所处的年代相隔较远，但其背景却非常类似：他们都生在日本动荡的时代，且都为了日本和日本国民而鞠躬尽瘁。

　　学习和比较他们两位的人生轨迹、思维方式，想必能帮助我们直面和克服人生中的艰难困苦，让我们明白何为人生中最珍贵之物，并使我们找到人生航路的大方向。我坚信，通过这样的学习，我们一定能够找到伟大的宝藏——个体的活法、企业家和领导应有的品格，以及日本应该走的发展之路。

我们先简单梳理一下西乡隆盛的人生轨迹。西乡隆盛生于1827年（文政十年），出生地为鹿儿岛下加治屋町。同样生在那里的还有比他小3岁的大久保利通。据说二人情同手足又胜于手足，他们相互合作、相互激励，最终各自取得了成就。

论性格，西乡和大久保反差很大，前者是性情中人，后者则冷静理性，但在为国家和社会做贡献方面，他们都表现出了无私的精神。换言之，若合他们二人之力，便天衣无缝。而在历史上也的确如此，可以说，是他们二人的通力合作开创了日本的新时代。

几乎所有的日本人都敬仰西乡，但我们也应该学习另一位英雄——大久保利通。稻盛和夫曾说自己天生的秉性与西乡相似，但后来身为企业家，便开始努力学习大久保利通的理性风格。关于这一点，本书会在后面的章节详细阐述。

再说回西乡隆盛，让他崭露头角并获得成长的贵人是岛津齐彬。西乡28岁时，第一次见到齐彬。岛津齐彬是萨摩藩第28代藩主。虽然当上藩主时已43岁，但其英明和才干却在当时全国各藩主中名列前茅。当时，日本各界各派围绕"攘夷"还是"开国"的问题争得不可开交，唯有齐彬，想到了一条"发展国内产业，谋求外交平等"的积极开放之路，且付诸实践。这使得萨摩藩成为当时日本国内"殖产兴业"的排头兵。

研究冰雪的物理学家、随笔作家中谷宇吉郎曾说："从幕末到明治后，日本为何能够完成飞跃式发展，这一直是我心中的疑问。而在看了《齐彬公言行录》后，这个谜题终于解开了。"他还感叹道："没想到当时的萨摩有那么先进的科学技术，这为整个日本进入明治时代后的发展奠定了基础。"

后来，以萨摩政治家（尤其是大久保利通）为中心的明治政府将岛津齐彬的这项政策传承发扬，实现了日本的发展。可见，齐彬是一位难得的明君，他不仅人格崇高，且学识渊博、视野开阔。而西乡隆盛常伴随其左右。齐彬时而让他当秘书官，时而让他当代理人，时而把他当成商量问题的对象，可谓从各个方面锻炼和培养了西乡。

"无私"是西乡的特质之一，除了其先天"重情"的性格因素，岛津齐彬的教育也在后天产生了积极影响。因为《论语》中的"思无邪"（不存私念，心系世人）既是齐彬的信条，也是其施政的宗旨。

然而，因为齐彬的突然去世，西乡也遇到了人生中的巨大挫折。他饱尝辛酸，两度被流放至孤岛（其中一次是为了躲避幕府的迫害）。但时代在召唤着他，为了推翻幕府结束封建制度开创日本的新时代，在萨摩年轻武士阶层的强烈呼声之下，西乡被萨摩藩主从岛上召回。之后，他一鼓作气、披荆斩棘，为明治维新铺平了道路。

不管是版籍奉还还是废藩置县，倘若没有西乡，便不可能实现。当时，面对政策改革，全国的武士说道："既然西乡先生都这么说了，那我们就服从吧。"可见其威望之高。

但历史洪流也是残酷的，要真正消灭士族阶层，终结日本的封建体制，似乎只能牺牲掉这位德高望重的伟人。当时，全国士族阶级的不满日渐升级，最终导致鹿儿岛的青年武士们揭竿而起，爆发了西南战争。面对这样的状况，西乡深知不妙，但为了日本的年轻人和国家的将来，他甘愿牺牲自己。1877年（明治十年）9月24日，他在城山的岩崎谷壮烈牺牲。

而就在他牺牲之地，后来有一个"孩子王"和小伙伴们经常去那里玩耍。那个"孩子王"就是稻盛和夫。他创立的京瓷集团的企业理念是"敬天爱人"，而这也是西乡隆盛的人生信条。在城山的岩崎山隧道上，竖着一块写着"敬天爱人"的碑。稻盛孩提时，几乎每天都会经过隧道，看到这块碑。如此反复，或许让这四个字进入了他的潜意识。

让我们简单梳理一下稻盛和夫的人生轨迹。稻盛和夫生于1932年（昭和七年）1月21日，出生在城山脚下甲突川沿岸的药师町（如今的城西町）。恰好是西乡隆盛逝世后55年。

小时候的他是个较为怯弱的爱哭鬼，接受了"乡中教育"后，觉得"居上位者方为男儿"，于是走向了一条立志成为"孩子王"的道路。

虽然家境清贫，但他还是一路完成了初中、高中至大学的学业。但其过程坎坷：中考两次失利，高考也未能考上自己志愿的大阪大学医学部，最终进入了家乡的鹿儿岛大学工学部。

　　毕业时恰逢就业低谷，好不容易找到了一份在松风工业的工作。这家公司位于京都，生产制造绝缘子部件，经营状况并不理想。稻盛被分配到开发特种工业陶瓷的岗位，并负责研发一种强绝缘性高频陶瓷——橄榄石陶瓷。他最终研发成功，使松风工业的销售额大幅增长。可之后理解并器重他的上司被调离，之前所负责的项目也被抽走，导致他不得不辞职。于是，一帮知晓他才能的人团结起来，帮助他创立了京都陶瓷公司（后来的京瓷），那年是 1959 年，他才 27 岁。

　　此后，由于他的满腔热情、不屈精神、上进态度及领导才能，京瓷公司不断发展壮大。1974 年（稻盛和夫 42 岁），在东京和大阪两个证交所，京瓷都从"第二板"升级至"第一板"（一般来说，"第一板"上市的公司在股本规模和交易活跃程度上都强于"第二板"）。1975 年 9 月，其每股价格涨至 2990 日元，超越了之前常年位居第一的索尼，震惊了整个日本。

　　1980 年（稻盛和夫 53 岁），他创立了第二电电（DDI）。2000 年，DDI 与 KDD 合并，成了如今的 KDDI。而京瓷也成了一家业务遍及全球各地的国际大企业，其合计销售额超过 1 万亿日元，拥有 4 万名雇员。如果再简单算上 KDDI，两家企业的合计销售额超过 4 万亿日元。

　　官僚出身的作家堺屋太一曾这样评价稻盛和夫的人生：

　　　　纵观稻盛和夫的人生轨迹，包含了白手起家的成功故事的所有要素。幼年家境清贫且受病痛折磨，升学时屡遭挫折，就业时事不遂愿。在其人生的起跑线上，既无幸运女神垂青，也无成功坦途铺就。

但他并不气馁，反而把各种不利条件转化为成功的基石。假如他家境富裕，毕业于一流大学，进入中央政府部门或大企业就职，恐怕就不会坚持不知结果的研发实验，也不会冒险创立像京瓷这样的新兴工业陶瓷企业了。当年入职的松风工业规模微小、经营不善，无法让他发挥出自己的技术和热情。如今看来，这反而是一种幸运。

稻盛和夫和西乡隆盛，他们都出身清贫，通过乡中教育习得了领导才能，克服重重苦难，实现了自己的志向，并且磨砺了自己的人格，成为"无私之人"。接下来，让我们来详细学习他们的精神。

名言精华集萃

人生波澜万丈，不管遭遇怎样的苦难和逆境，都不要怨天尤人、心生邪念，而应该积极面对、诚实努力。不管命运如何，只要心怀谢意、积极生活，必将拨云见日、道路光明。

——稻盛和夫

几历辛酸志始坚。

——西乡隆盛

稻盛和夫和西乡隆盛的共同点和不同点

稻盛和夫和西乡隆盛拥有非常多的共同点。也正因为如此，稻盛和夫十分敬仰西乡隆盛，并坚持深入学习其教诲。

对于西乡的《南洲翁遗训》，他曾这样说道："我一直把《南洲翁遗训》这本书放在案头反复阅读，且每次都能获得宝贵的人生启示。随着年纪的增长，越是经验丰富，越是觉得这本书里的道理刻骨铭心。我觉得这是因为他的遗训都是其人生心得。纵观其一生，他直面烦恼痛苦，毫不逃避，积极应对一切。这样的人生所得出的道理必然蕴含了理想的活法，是放之四海而皆准的真理。"

而稻盛和夫的人生也是不断追求和实践上述真理的过程。在他所著的书中，也阐明了这样的思想和理念。他以西乡的教诲为基础，加上自己的思考和经验，以现代人易懂的方式娓娓道来。

再说回他们二人的共同点，先是出生地。他们都生在鹿儿岛甲突川一带。可以想象，从幼时起，他们便在城山玩耍嬉戏，每日远眺樱岛的雄姿，从而逐渐形成自己的人格基础。

日本阳明学派思想家吉田松阴曾说："人土不可离，人事不可分。若论人论事，应自土地始。"换言之，人要活离不开土地，事要成离不开人为。因此如果要了解和讨论一个人，就必须先调查和讨论孕育他的土地。樱岛上有火山，而萨摩和鹿儿岛人正如樱岛一般，热情满腔，行动果断，不言放弃，看淡生死。这些品性，也印证了"一方水土养一方人"的道理。而稻盛和西乡可谓其中的代表人物。

此外，二人都接受过鹿儿岛传统的乡中教育。不知道稻盛本人是否察觉，其在经营京瓷的过程中创造出的知名管理模式——"阿米巴"便是受到了乡中教育的启示和影响。可见，这种传统教育非常优秀，对于培养团结意识和领导能力大有裨益。

对于乡中教育的中心思想，岛津修久（第32代岛津家家主）曾如此介绍道："一、不服输不投降；二、不虚言妄语；三、不欺凌弱小。"学者松本彦三郎也在著书中点评道："岛津修久提出的三条中心思想，是鹿儿岛子弟代代由校长传至后辈的教诲。虽然如今鹿儿岛县内的学舍数量减少，但校长们依然发扬着这样的优良传统，对后辈们进行指导。而在我做志愿者的鹤岭神社，社内竖着的告示栏上，依然用大号字写着上述三条'旧萨摩藩乡中教育的中心思想'。"

稻盛和夫在27岁创业时，拼命思考如何经营企业。最后决心贯彻"作为人，何谓正确"的原理原则。这样的道理看似非常简单，甚至有点原始，几乎所有父母都会这么教育自己的孩子。"换言之，就是不撒谎，不给人添乱，不贪婪，不只顾自己。每个人小时候，父母和老师都曾这么教育过自己，但长大后却不知不觉忘掉了它们。而我则决定将这些单纯的规范作为经营企业的根本理念和判断事物的重要基准。"

从稻盛的理念中，亦能窥见乡中教育对其的影响。稻盛和夫与西乡隆盛的另一个重要共同点是"使命感"，二人都坚信"自己活着的意义是为了宇宙、为了天下、为了社会、为了世人而鞠躬尽瘁"。因此，他们决不追求私利私欲。"敬天爱人"是对他们人生态度和轨迹的集中概括。

此外，二人都是性情中人，深度认同"爱人、为人，体恤他人"的利他思想，并毕生努力将其付诸实践。反之，一旦见到行为不轨、贪图私欲之人，他们便会变得态度严厉。这种发自内心的反应，既是抛弃私心的表现，也是领悟宇宙天地大智慧的标志。换言之，他们两位都是视野广阔、通达天地的思想家和哲学家。

最后介绍一下他们的另一个共同点：作为教育家和导师的品格。他们并非单方面地教育或灌输，而是身体力行、感化他人，使周围的年轻人心生仰慕和敬爱之情。于是乎，大家自发地聚集过来，请求他们给予教诲。不仅如此，他们不求报酬，只为了把更多的年轻人引上正途，让他们为社会做贡献。

他们的思想和实践也生出了理论成果，比如西乡的《西乡南洲遗训》，稻盛的《稻盛和夫的实践经营问答》[①]《稻盛和夫的经营塾》[②]。

那么，他们两人又有哪些不同点呢？时代背景。西乡活在幕末维新的动荡时代。而稻盛活在二战后的变革时代——日本从混乱走向发展，从闭塞迈向改革。

此外，西乡既是武士，也是革命家，还是追求理想的政治家。而稻盛虽然对政府提出过谏言和意见，但依然保持企业家的单纯身份，他如今是最具代表性的日本企业家，也是世界知名的企业家。这是二人不同之处。

稻盛曾说道："我憧憬西乡隆盛那种充满热情、勇往直前的活法，这是因为我的性情与他相仿。但在经营企业的过程中，我发现自己还必须效仿大久保利通，学习他理性思考和审视全局的特质，这是我原本所不具备的。于是，我开始在经营企业的各方面留意细节、践行大久保的做法。因为仅凭西乡的'志'和'诚'，还不足以把企业做好。但假如仅靠大久保的'合理判断'和'理性思考'，则无法了解人心、凝聚集体。从实现明治维新大业的这两位历史人物身上，我学到了一个道理：温

---

① 《稻盛和夫的实践经营问答》中文版为《稻盛和夫的实学：经营三十四问》已由东方出版社出版。

② 《稻盛和夫的经营塾》中文版为《稻盛和夫的实学：创造高收益》已由东方出版社出版。

情与冷酷，胆大与心细，只有同时具备这两种看似矛盾的特质，才能成就新事业。"所以说，我们还应该向西乡隆盛的盟友大久保利通学习。

名言精华集萃

　　曾经的日本社会，随处可见品质高尚之人。他们即便并不富裕，也依然豪迈爽朗，对上保持风骨不谄媚，对下谦虚善待不傲慢。且从不强调个人利益，而是一切为他人着想。拥有这种美德的日本人，曾经很多。

——稻盛和夫

　　不惜命、不图名，亦不为官位、钱财之人，困于对也。然无困于对者共患难，国家大业不得成也。

——西乡隆盛

向西乡隆盛和大久保利通学习

稲盛和夫的性格与西乡相近，这成了他人生活法的主轴。但作为企业家，他则意识到自己必须学习大久保的理性与冷静。稲盛这样的判断极为正确。

因为他既是京瓷的创始人，也曾一度任董事长，肩负经营企业的责任。京瓷能否在竞争中存活，能否立于不败之地，这全都取决于他的拿捏和判断。再看西乡隆盛，他是一位革命家，也是追求理想的政治家，而他之所以能够成功推行改革，则是因为有一位自幼与他彼此激励、优势互补的盟友大久保利通。

西乡重情，一旦觉得一个人"不正直"，就不会再信任他。在他极为尊敬的岛津齐彬去世后，岛津久光成了掌握萨摩藩内实权的人。可西乡与久光理念不和，最终被久光流放至远岛。假如齐彬长命一点，大久保利通的作用或许就没有那么明显了。可实际情况正如史实：久光掌权后，大久保接近他，并逐渐取得了他的信任，在西乡缺席的那段时间，成了幕末政治舞台的主角之一。

然而，当久光和大久保联合推行的幕府政治改革和朝廷对策以失败告终时，时代和国民开始召唤西乡。于是乎，西乡站到了政治舞台的前头，而大久保则退到后台，发挥着辅佐的作用。

明治维新完成后，西乡觉得自己的使命也已达成，往后是大久保等实干人才的时代，于是心生退意。但由于他威望太高，无法自由地过自己想要的生活，这或许是他的不幸。据说西乡非常尊敬和憧憬美国首任总统乔治·华盛顿。华盛顿卸任后，归隐于乡间，悠然于牧场，度过了与世无争的余生。这或许也是西乡所向往的。

再说大久保利通，据他的几个妹妹回忆，大久保年轻时就和西乡形影不离，周边比他们岁数小的后辈们对他俩格外敬畏。从幕府末期到明治初期，二人的职责分工如下：旨在武力推翻幕府的萨长同盟、鸟羽·伏见之战、江户开城……这些战争和武力行动需要武士和部队的配合和服从，因此都由威信极高的西乡运筹帷幄；而战后制定秩序、建立机构、维持社会运作等，则是大久保的专长。于是乎，在西乡开辟道路后，大久保着手皇室改革和各藩的体制改革，使日本成为以天皇为中心的国家。二人的分工协作可谓完美。

日本作家司马辽太郎曾如此评价大久保的功绩："他的才能、气概、胸怀以及无私奉公的精神，在与其同时代的政治家中，可谓出类拔萃。在我看来，日本今日社会政治制度的所有基石，皆在明治元年至明治十年这段时间内铺就。而论奠基的功臣，倘若只能举一个名字作为代表，我觉得非大久保利通莫属。他沉着、刚毅、不多言语，把自己与国家融为一体，无时无刻不在思考如何建设国家，心中毫无其他杂念。"

因此，稻盛和夫希望"自己能够兼具大久保和西乡的性格特质，并让这两种特质和谐共存"，并为此努力至今。他曾说道："开展事业时，如果感性判断、感性行动，结果就会一塌糊涂；如果感性判断、理性行动，也会走入弯路；可如果理性判断、理性行动，那么没人会追随你。在我看来，应该在开始阶段理性思考，而在实际行动时感性面对。"

他还说道："明治维新时期，我的故乡刚好出了两个伟人——西乡和大久保，他俩的想法和性格截然不同。由于是老乡，因此我对二人抱有亲近感。此外，不管在人生还是企业经营方面，我都从他们身上学到了许多重要的东西。"

此外，稻盛和夫很喜欢美国作家菲茨杰拉德的一句名言："同时保有全然相反的两种观念，还能正常行事，是一流智慧的标志。"他一直牢记这句名言，并努力融会贯通、灵活运用西乡和大久保的想法和活法。

名言精华集萃

　　兼备两种极端相反的思维方式，并能根据实际情况自
如取用，这才是真正优秀的人格。

——稻盛和夫

　　所谓男子，应凡事有容乃大，而并非为他人所容。

——西乡隆盛

珍惜邂逅之缘

　　纵观稻盛和夫与西乡隆盛的人生轨迹，有一点非常让人感叹——不管遇到何种逆境，他们都会向遇到的人和事学习，从中获得智慧和感悟，并将其运用于今后的人生中。

　　说到西乡的邂逅，其最早遇到的关键人物要数下治屋町的义弟——大久保利通。《大久保利通》一书中如此描述道："年轻时的西乡与大久保每天晚上都会促膝长谈，直至半夜一两点。"他俩是当时下治屋町内乡中教育的领导人物，虽然町内总共不过 70 户人家，但受过他俩指导的学生中可谓人才辈出。比如大山严、山本权兵卫和东乡平八郎等，都是日后日俄战争中的陆海军英雄。

　　西乡寡言少语、重情重义、处事真诚，受众人拥戴；大久保则思维缜密、反应敏捷、善于辩论，使众人信服。二人深知对方拥有自己所不具备的才能和特质，且彼此认同、彼此尊敬、彼此鞭策。

　　18 岁那年，西乡当上了藩内的郡方书役，其职责是巡视农

村、指导村官，并监视年贡税金的上缴情况。直到27岁的10
年间，他一直从事着这样的农政工作。

直接分管郡方书役的是奉行，而管理西乡的第一个奉行是
迫田太次右卫门。迫田体恤百姓，憎恶官场腐败。他可谓西乡
的人生导师之一。

有一年遭遇凶年，庄稼收成极差，但藩内高官命令奉行不
可减收年贡税金。迫田对此表示抗议："既然如此，实地调研农
政之意义何在？"可上面却不予理会。最后，他在居所的墙上
写了两句诗，然后便辞了官。

草虫草虫 莫食草根

根之不存 尔亦枯也

虫指藩厅，草指"五节草"，是稻米的隐喻说法，这里暗
喻农民百姓。西乡尊敬迫田，迫田辞官后，他时常把上面两句
诗挂在嘴边。而且自己也和迫田一样，为了农民的利益，数次
与藩厅开展斗争。后来，在被流放至奄美大岛和冲永良部岛时，
他依然不忘迫田的精神，用实际行动保护农民的利益，获得了
岛上居民的感激和尊敬。

自己所仰慕的岛津齐彬当上藩主后，西乡依然关心贫苦农
民，数次呈上有关农政的意见书。齐彬也是在看了这些意见书
后，开始对西乡产生了兴趣。虽然意见书的内容较为平常，但

齐彬感受到了字里行间的热情和耿直。终于，在 28 岁那年，西乡被齐彬提拔。齐彬把他安排在自己身边，不但栽培他，还给予他发挥重要作用的机会。

对于二人的关系，司马辽太郎曾如此点评道："越研究历史越觉得不可思议，在当时的日本，居然有齐彬这样的明君存在，简直是奇迹。齐彬并没有把西乡视为家臣，而是把他当成亲身的骨肉、最爱的门徒，甚至是自己志向的继承者。可以想象，齐彬这饱含睿智的爱意，对原本就忠心耿耿的西乡而言，简直是一种令人战栗的感动。"

于是，西乡成了齐彬的"代理"，与当时日本具有代表性的大人物们深入交流。渐渐地，西乡也有了名气，当时有句话叫"萨摩有西乡"。在此过程中，他结识的一些豪杰对他也产生了深刻的影响，比如水户的藤田东湖、肥后的长冈坚物、越前的桥本左内等。

齐彬死后，西乡被流放至冲永良部岛时，邂逅了同样被流放到那里的川口雪蓬。川口不仅是阳明学派学者，还是一位书法家和诗人。当时，川口来到西乡的牢房，与他对谈朱子阳明学，探讨历史时势，切磋诗作书法。这不但让西乡的诗作有了长足进步，也奠定了其"敬天爱人"的思想基础。

还有一位对西乡影响颇深的人物不可不提，那就是胜海舟。西乡从远岛被召回藩内，成为日本变革时期的中心人物时，邂逅了他。胜海舟时任幕府的军舰长官，他对西乡道出了幕府的现实情况及腐败之深。这让西乡心生倒幕的种子——建立一个不以幕府和将军为首的新日本国。对此，历史学家井上清点评道："对西乡而言，与胜海舟的会面是他人生的第二次启蒙。第一次启蒙是齐彬对他的教诲，让他学会了从幕藩体制的政治视角审视萨摩；而这第二次启蒙让他学会了跳出幕藩体制，从世界的动向中审视日本的国运。"

就这样，西乡与胜海舟一见如故，胜海舟也对西乡心生敬意。二人的邂逅，使得日后"江户无血开城"这一日本历史上的佳话得以实现。

在给大久保的信中，西乡这样写道："吾与胜海舟初次相见，其实为令人震惊之人物。本想采取主动以治之，却受其感铭，反愿低头乞其教诲。其智略深浅，吾难知晓，然英雄气概，远在佐久间象山之上。论学问见识，其恐不及佐久间，然若实战，则佐久间断不可胜之。吾甚仰慕胜海舟，视其为师。"

接下来，让我们来看一下稻盛和夫人生中的重要邂逅。据说，幼年的稻盛是个懦弱的"爱哭虫"。而转变他的，则是西乡也接受过的"乡中教育"。

对此，稻盛自己回忆道："多亏了鹿儿岛独特的乡中教育，把我这个'爱哭虫'锻炼成了男子汉。"这种教育制度的前身是培养武士子弟的寺子屋。到了明治时代后，各地的寺子屋变成了学长教育中小学后辈的场所，大家在那里锻炼身心，还会学习萨摩藩代代相传的示现流剑术。

后来，稻盛中考和高考皆受挫，就业时也未能进入理想的企业，这却促成了京瓷这家世界级企业的创立和发展。即便遭遇挫折，他也一直满怀希望、积极面对，并且和西乡一样，以一腔赤诚，努力耕耘当下的事业。这种活法，是他成功的基础。

可以想象，假如稻盛在高考时顺利被他的第一志愿——大阪大学医学部录取，他可能会成为一名优秀的医生，但京瓷就不可能诞生了。

而在进入鹿儿岛大学后，他在工学部的应用化学系学习，主攻与药学有关的有机化学。毕业前，他去多家公司应聘，但没有一家录用他。最后在应用化学系的竹下寿雄教授的介绍下，一家制造绝缘子的京都公司答应要他。但绝缘子和制瓷属于无机化学的领域。那家公司想要的是能研发工业陶瓷的人。

于是，稻盛只能匆匆改变专业方向，在无机化学教授岛田欣二的指导下，开始研究鹿儿岛入来地区所产的优质黏土。稻盛的毕业论文题目叫《入来黏土的基础研究》。那一年，内野正夫当上了鹿儿岛大学的教授，而稻盛的这篇论文引起了他的注意，可见这篇论文有多优秀。当时，内野对稻盛说道："你将来会成为出色的工程师。"

毕业后，由于之前竹下教授的介绍，稻盛进入了京都的松风工业工作。他被分配的工作是研发新型陶瓷，重点是研发绝缘性优异的高频橄榄石陶瓷。但松风工业当时濒临倒闭，工会与管理层冲突不断。即便如此，稻盛依然埋头研发，不断取得成果。

那时，松风工业收到了来自松下电子的订单，订单要求松风工业供应电视显像管电子枪上的绝缘部件——U 字形绝缘体。之前这一部件一直从荷兰飞利浦公司进口，但随着电视机销量的急剧攀升，松下决定采用国产的替代品。稻盛决定用橄榄石陶瓷作为突破口。经过 1 年左右的研发，他终于合成了制造 U 字形绝缘体的材料，这在日本尚属首次。

当时的工会在闹罢工，为了按时完成松下的订单，他吃住都在公司里，为的是加紧生产出货。在被提拔为特殊陶瓷科主任的 3 个月后，正当他为了日立制作所的陶瓷真空管订单而努力研发时，新上任的技术部长对他说"你搞不定的"，并将他调离真空管的研发项目，于是他提出辞呈，并决定创业。得知他的想法后，不仅与他同科室的下属，就连前任的技术部长青山政次都决定追随他。为了筹措创业资金，青山四处奔走，为尚在襁褓之中的京瓷打拼。

稻盛当年入职经营状况恶劣的松风工业，在工作中饱尝了常人难以想象的艰难困苦。但他最终成为日本新型陶瓷研发技术界的业内代表人物，并且在工作过程中结识了以青山政次为代表的志同道合的人，他们成了京瓷创立的中流砥柱。纵观这些收获，可谓在其经历风雨后，上天所赐予的褒奖吧。

青山曾说："稻盛君的热情超出常人，日后必成大器。"可见稻盛有多优秀。而稻盛自身则非常谦虚，向周围的人学习，对周围的人感恩，且与他们同甘共苦，一路前行。

稻盛和西乡的人生经历告诉我们，遭遇不顺和挫折时不要灰心丧气、怨天尤人，而应该积极努力、珍惜邂逅，这样上天就会出手相助。

名言精华集萃

必须牢记"以心唤心"的道理。

——稻盛和夫

应以公平至诚对人，不公平则决难揽英雄之心也。

——西乡隆盛

父母·家人

前面讲过，稻盛和夫和西乡隆盛的出生地离得很近。更有意思的是，二人从各自父母身上遗传的人格特质也有相似之处。

先看西乡隆盛，他的父亲西乡吉兵卫是勘定方小头，因勤政正直而受到好评。该官职待遇平平，无甚好处，而吉兵卫也从不要好处，可谓清廉之士。这个特质完全被西乡隆盛继承。西乡隆盛的母亲满佐子是萨摩藩士椎原的女儿，她遇事不怨，性情温和，且很有同情心。周围人对她的评价甚高，甚至有人说："若其为男儿身，脱可任家老也。"而伦理学者胜部真长曾说："西乡的人格特质大多继承于其母。"

井上清则点评道："由这样的母亲养育，再加上弟妹众多、家境清贫，这对其人格和思想的形成有着重要意义。纵观西乡的人格特征（极度体恤他人、主张仁政、生活和政治上恶奢崇俭、生活上不畏逆境、政治上不惧困局），倘若没有幼时至少年时的上述生活环境，便不可能形成。"

再看稻盛和夫的父母。稻盛的父亲畩一是个做事一板一眼的人。他年轻时在一家印刷厂工作，后来自己创业，开了一家作坊。除印刷外，还承接纸袋制作业务。在战火蔓延前，其经营情况不错。可后来在美军的轰炸下，一切产业都化为灰烬。眽一为人谨慎，因此拒绝通过借债的方式重开印刷作坊。该性格特质被稻盛和夫继承。稻盛曾说："在经营企业方面，我事事慎重，并把'无债务经营'作为信条。这方面完全继承了我父亲的性格。"稻盛的母亲纪美性格坚强开朗，稻盛和夫正是继承了她的特质，所以在面对任何逆境时，都能毫不气馁、乐观面对。

可见，西乡父母和稻盛父母的性格特征相互重合，这实在是奇妙。而更奇妙的巧合还在下面。当年西乡与齐彬一同前往江户，可他贫寒拮据的家境其实并不允许他这么做。但家里人为了国家大事，也为了西乡隆盛的前途，毅然支持他的江户之行。后来，比他小 6 岁的弟弟吉次郎撑起了整个家。而稻盛亦是如此，倘若没有家人的支持，他便无法获得今日的成功。

关于这一点，从下面这段稻盛的回忆中便可明白："二战前，我父亲在印刷厂里当学徒。在我记事时，他已经在鹿儿岛市内经营一家印刷小作坊，经营状况应该还不错。但由于美军的空袭，作坊被烧毁，印刷设备也全部化为灰烬。后来，父亲没有重开作坊，生活的重担让母亲甚是辛苦，因为要养活包括我在内一共 7 个孩子。我哥哥没有上大学。妹妹连高中都没上完，为的是让我能够进入大学深造。"

再来看西乡与稻盛自己的家庭情况。西乡一生（尤其是壮年期）几乎都奔忙于倒幕和维新的国家大业，因此很少能顾及家庭。在现代人看来，他似乎是一个相当不幸的人。但在西乡看来，自己为了国家和社会不畏生死、鞠躬尽瘁，实为甚幸之事。前面也提到，对于这样的西乡，其家人也是给予支持的。西乡一生有 3 次婚姻。在西乡追随岛津齐彬前往江户时，由于西乡家极度贫困，且还有 3 个小姑子，因此第一任妻子的娘家人将自家女儿接走，并提出了离婚申请。在隐居德之岛时，他与岛民爱加那结婚，这便是他的第二任妻子。但萨摩藩严格规定，该婚姻只限于岛上，西乡无法将妻子带回本土。但当时西乡不知道自己何时能回本土，也做好了一辈子住在岛上的心理准备，因此决定与爱加那共结连理。他们诞下一男一女。男孩西乡菊次郎 16 岁时参加西南战争，在战争中负伤，失去了一条腿。后来任外务官，最后当上了第二代京都市长。菊次郎后来的孙子西乡隆文是一位陶艺家，也是西乡隆盛奉赞会的理事长。据说他的容貌与西乡隆盛非常相似。

1864 年（庆应元年），在西乡隆盛担任倒幕运动的主角时，他迎来了第三次婚姻。有意思的是，促成这桩婚事的是坂本龙马。当时，被西乡视为导师的胜海舟拜托西乡把坂本龙马安顿在萨摩藩内并加以保护。对于这段历史，井上清在其所著《西乡隆盛（上卷）》中如此描述："当时，西乡难得忙里偷闲，在鹿儿岛休养。二人之前便交好，于是坂本龙马经常和西乡聊天，每次都频频劝西乡再婚。鉴于第一次婚姻以不幸收场，西乡觉得自己是为了国事而东奔西走之人，无法给妻子幸福。再想到第二任妻子爱加那还独自在岛上辛苦抚养两个孩子，自己又无法把她带回本土，实在没有再婚的心情。面对西乡的婉拒，坂本龙马笑而不语。同时，大久保和小松带刀也劝西乡再婚。他们认为，年近 40 的男人还是单身会招来质疑。在操持国事时，反而会带来不便。最终，西乡也有所心动。于是小松做媒，在1865 年 1 月 28 日，他与家老的座书役岩山八太郎的长女系子举办了盛大的婚礼。"

西乡与这第三任妻子诞下的孩子是寅太郎，寅太郎后来的儿子吉之助是一位知名的政治家。而吉之助的儿子西乡吉太郎性情敦厚、为人真诚，完全继承了西乡隆盛的特质。

再来看稻盛和夫。1958 年（昭和三十三年）12 月，在辞去松风工业工作的第二天，他与之前同属特殊陶瓷科的同事须永朝子结了婚。她和稻盛可谓志同道合。在着急给松下提供 U 字形绝缘体那段时间，为了涨工资，松风工业的工会在闹罢工。当时以稻盛和夫为代表的特殊陶瓷科的员工们认为，假如让生产停滞，公司就会倒闭，哪里还谈得上加工资。于是拒绝与工会合作，加紧生产供货，连吃住都在公司里。而负责把产品送到客户那里的，便是须永朝子。

对此，稻盛回忆道："当时，工会派人堵在厂房门口，不允许大家正常上下班。要想持续生产，一旦进去就不能出来。于是我花光手头的钱，屯了一堆罐头等方便食品，还把取暖的燃料和被褥搬到了公司里，接下来的问题是如何送货。当时我们科室有一名女同事，让她和我们一起吃住在公司太不方便。于是我拜托她每天早上去公司厂房后院的围墙处'接头'。我会拿着装满产品的箱子，偷偷地把它们抛到围墙外面。而等在围墙另一边的她便会把箱子送到客户那里。这名女同事后来成了我的人生伴侣。"

对于稻盛的"活法"，他的妻子或许最为理解。曾经发生过这样一件事。当时京瓷已成长为大企业，稻盛也配备了接送他上下班的专车和司机。一天早上，司机照常开车来接他，而他妻子恰巧也要出门办事。于是稻盛想顺便捎妻子一程，就叫她上车。可她妻子却说："如果是你自己的私家车，那我会坐，可这是公司的公车。你之前自己说过，不能公车私用，如果顺便捎我，不就违规了吗？公私要严格分明。我会自己走着去。"

可见，稻盛和西乡一样，并不只着眼于自己的小家，而是把为大众、为社会做贡献视为人生的意义。而二人都有理解自己的家人，这点实属幸运。

据说，有不少人曾经问稻盛："你每天工作到很晚，休息天也为了公司四处奔忙，没有时间陪家人。这样你的妻子和孩子也太可怜了吧。"对此，稻盛是这样想的："但我不认为我牺牲掉了家庭，因为我并不局限于守护自己家庭的小爱。相反，我觉得我有守护广大员工家庭幸福的使命，我认为这是一种大爱。"

名言精华集萃

我之所以有今天，靠的是家人的支持。

——稻盛和夫

不为儿孙买美田。

——西乡隆盛

敬天爱人

本书的序中也已提到，"敬天爱人"是西乡最广为人知的信条。而稻盛从小便对这一信条很熟悉，或许这四个字已经进入了他的潜意识，因此他将其作为京瓷的立身之本。他曾说道："'敬天爱人'是《西乡南洲遗训》中的语录，天即万物之道理，遵循道理即'敬天'；众人皆为同胞，以仁爱之心待人即'爱人'。这也是京瓷的立身之本。"

在《西乡南洲遗训》中，有这么一段话："道者，天地自然之物。人行道，是为敬天。天佑众生，故当爱人如爱己也。"换言之，顺应天地自然之道便是人生正确的活法。人应当循道而行，其首要目的是敬天。天一直平等地关爱众生，所以应以爱己之心来爱他人。关于西乡将"敬天爱人"作为座右铭的思想历程，专家学者们意见不一，甚至有人说是受到了基督教的影响。

在明治时代，身为基督教徒的日本知名教育家内村鉴三为了向世界介绍日本，写了一本题为《代表的日本人》的书，书中首个登场人物便是西乡隆盛，可见西乡在他心中的地位。顺便提一下，教育家、思想家新渡户稻造和内村鉴三是札幌农校的同届生。他俩都信奉基督教，且都是将日本人的精神和道德本源——武士道介绍给西方世界的先锋。有意思的是，他俩最为尊敬的人物都是西乡隆盛。

对于西乡，内村鉴三在书中如此描述："我们的主人公西乡喜欢日夜漫步于山间。一日，他突闻天启之声从灿烂的苍穹传下。同时，在寂静的杉树林中，一种悄然如耳语的声音也不断传来。告诉西乡此生的使命——为了造福祖国和全世界。我认为，倘若没有这种奇妙的体验，没有上天直接传达的声音，西乡的文章和言语中怎会频频提及上天呢？沉默寡言、耿直大度的西乡容易沉浸在自己的世界，但正是在其中，他发现了超越自我乃至宇宙的意志，并与之默默对话。"

西乡的信条"敬天爱人"超越东西文化隔阂，是所有人的终极关怀，是所有人的理想活法。既可将其视为基于基督教教义的思想，也可将其视为孔孟朱子学派的思想——对主导一切的天心存敬意，对所有人予以关怀体恤，以仁爱思想处世。西乡生前十分喜欢看佐藤一齐的《言志四录》，从中也获得了诸多启示。至于形成其思想基础的关键因素，还要算被流放至冲永良部岛的那段经历。一开始他做好了死的心理准备，在牢中独自默默地坐禅。

一开始的牢房面积只有两坪①左右，这块巴掌大的地方还包括了厕所。一天提供两顿伙食，吃的是冷饭就盐巴，加点水直接下咽。衣服和头发脏了没人管，也没有换洗的衣服。牢房不但透风，而且背阳。海风和雨水会直接吹进去，却晒不到日光。简直是次于死刑的非人待遇。当时，负责管理牢房的衙役土持政照并不了解西乡，只知道他是重刑犯。但一两个月过去了，他见西乡依旧坦然地端坐在牢房内，渐渐对他产生了兴趣，最后心生敬意。

土持害怕这样下去西乡会死掉，所以要了个机灵——把当时萨摩藩给的关押书中的一条命令"将西乡囚禁于四壁内"进行"过度解读"。于是，他向代官（从事各藩直辖地行政管理的官员）请示道："所谓四壁，可指民家房舍内所划之封闭空间。卑职购有一处房产，愿将其用于囚禁西乡。"那名代官或许也对西乡心存敬意，所以在听了土持的请示后，据说开心得拍手叫好。

就这样，西乡总算搬到了条件较好的新牢房，体力也日渐恢复。在那里与前文提到的朱子学者川口雪蓬邂逅。他借书研读，并与川口深度探讨各种问题。换言之，他将狱中生活渐渐调整为修养精神的场所，并由衷感谢土持政照等人的帮助。

而其"敬天爱人"的信条也得到了进一步巩固。对于敬天

---

① 1 坪约合 3.057 平方米。——译者注

爱人，西乡隆盛的第四代后人西乡吉太郎解读道："'敬天爱人'这四个字，朱子学派等也有提及，其主旨是'一切顺应天道'，其中的'天'是真理，是造物主。再说得平实一点，'敬天'即感谢天地自然的恩赐，遵循神灵的意志；'爱人'即尊敬他人，为他人着想，哪怕牺牲小我，也要为世人、为社会做贡献。"

再说到稻盛和夫创业时，他与从小耳濡目染的"敬天爱人"再度"相逢"，似乎是冥冥之中的安排。当时的京瓷公司还刚成立不久。创业伊始，稻盛之前的上司青山政次鼎力相助。青山拜托其大学时代的友人——时任宫木电机制作所专务的西枝一江和常务交川有，还说服了该制作所的社长宫木男也，让他们一起出资，这才使京瓷获得了从零出发的第一桶金。不仅如此，宫木电机还提供了空闲的厂房，让京瓷有了办公和生产的地方。

一天，宫木男也社长出差回来，给稻盛带了伴手礼，一幅写着"敬天爱人"的字。这幅字当然不可能是西乡隆盛的手笔，只是一幅临摹作品而已。但对于宫木社长的这份心意和温情，稻盛当时感激涕零。这幅字成了稻盛一直珍视的宝贝，一直挂在他的办公室里。

此外，创业伊始的稻盛和夫年纪尚轻，且完全没有经营企业的经验，但他为了该如何维持和发展企业的问题而烦恼时，给予他鼓励和方向的还是"敬天爱人"这幅字。

当他决定把"贯彻作为人的正确之道"当作判断事物的基

准时，他看到墙上挂着的"敬天爱人"，对自己说道："不会错，就按照西乡的教诲行事。"于是，"敬天爱人"成了京瓷的立身之本，而在此后的企业经营和决策中，稻盛一直遵循这一信条，从未误入歧途。"敬天爱人"也帮助稻盛确立了京瓷的经营理念。

创业伊始，稻盛的目标是追随自身对技术的"浪漫憧憬"，实现自己作为科研人员的梦想，但现实迫使他必须优先考虑如何保障员工的生活。就在他为此而烦恼时，公司会客室墙上的"敬天爱人"四个字默默地注视着他，似乎在对他说"爱人乃要旨所在"。于是，稻盛确立了如下的经营理念：追求全体员工物质和精神两方面的幸福，为人类社会的发展进步做出贡献。

名言精华集萃

若想做出正确判断，就必须拥有诚实的人生哲学来作为标尺。

——稻盛和夫

道乃天地自然之道，故讲学之道，在于敬天爱人，以克己修身为终始也。

——西乡隆盛

第二章

提升心性

敬天爱人

才能与道德

人们倾向于关注和重视才能的有无，尤其在这个时代，由于对道德教育的轻视，这样的倾向特别明显。所谓才能，是指人天生所具备的能力。但仔细想想就能明白一个道理——一个人再有才能，也无法完全凭借自己的力量做成事情。哪怕是天才，也需要借助他人的力量，才能够成就一番事业。而且若追溯本源，人要获取知识和技术，就需要别人的教育和指导，和自己的不断学习，否则天生的能力根本无从发挥。

而作为现代人，我们应该尽早反省并认清一个事实：比起先天的才能，后天接受的道德教育更为重要。这一点在日本人最为尊敬的伟人——西乡隆盛身上亦有体现。他并非极度机敏之人，也并非剑术超群之人，但其散发的人格魅力却使众人仰慕，人们愿意为他做事，这使他获得了能够改革社会的力量。

对于西乡的这种特质，胜海舟感到惊讶和敬佩，他曾评价道："与西乡一见，论意见及辩术，觉其反不及吾。然吾窃惊觉，肩负天下大事者，果西乡也。"西乡自己也曾说："今之人以为，才识具则事业随心成。然任才为事，其危可见矣。唯以诚心，可致诸事顺利。"当然，这并非否定西乡的才能。就拿胜海舟来说，西乡十分敬佩其才能。所以说，上面那段话的主旨是"才能固然重要，但仅凭才能是无法成事的"。

西乡还引用了他十分尊敬的长冈坚物的话。其内容如下："夫天下非诚不动，非才不治。诚之至者，其动也速。才之周者，其智也广。才与诚合，事方可成。"换言之，德才兼备，方能成大事。但对我们每个人而言，上述遗训的意义在于"修心"：不要纠结自己先天的才能大小，而要以谦虚的态度努力提升自我修养，磨砺自己的人格。

对于西乡的上述教诲，稻盛和夫颇有共鸣，他一直强调："如果光有才识、才干和热情，即便成功，也难持久。"古人云："才子溺于才。"天赋过人者容易凭借自己的才能收获成功，但倘若过度自信，或者将才能用于邪门歪道，则结果会以失败而告终。稻盛曾说："（许多新兴企业家）不但在技术研发、市场营销和经营战略方面才识卓越，而且拥有火一般的热情和不断努力的精神，因此创业成功。而证券分析师和投资者们也对这些企业家的才能和努力予以高度评价，最终促成了这些新兴企业的高市值。但这些雨后春笋般的'独角兽'企业匆匆登场，却又匆匆消逝。每当我看到这样的新闻，就愈发觉得评价一个人不能只看他的才能大小和努力程度。"

在稻盛看来，越是才干过人者，越是需要引导自己走正路的罗盘。这"罗盘"指的是理念、思想和哲学。换言之，关键在于学习。要通过学习来提升自身的人格素养。稻盛认为，人格由"性格＋哲学"这两大要素组成。前者是与生俱来的秉性，后者是工作生活中习得的哲学。二者一起，便形成了个体的人格。学习的哲学方法并不复杂。比如不断研读西乡隆盛的遗训，或者认真思考小时候父母告诉自己的那些看似浅显原始的做人道理，例如"作为人，何谓正确"等。这些都是我们应该实践的学习方法。

　　由此可见，稻盛和夫不但才能卓著，而且具备和西乡隆盛一样高尚的道德和人格。可他却毫不骄傲。对于自己获得成功的原因，他如此说道："回顾过去的人生，我大半数时间都在忙于企业经营。对我而言，经营即人生。为了经营企业，我倾注了我所有的一切。我出身平平，既非社会精英，也没有机灵处世、左右逢源的智慧。要问我为什么会有今天，我觉得是因为我把'心'摆在第一位。所谓'心'，即'作为人，何谓正确'这样看似原始的伦理观。即便身处竞争残酷的营商环境，我始终不忘初心。虽然现代人越来越物质和现实，彼此之间的竞争也愈来愈激烈，但我依然相信大家并非只关心个人利益和沉湎物欲。《论语》说：'见义不为，无勇也。'我坚信，这份气概，作为人类最根本的行事原理和准则，依然存在于每个人的心中。"

名言精华集萃

上天绝对不会无视诚挚的努力和坚定的决心。

——稻盛和夫

志于道者，不贵伟业也。

——西乡隆盛

学会用正确的方式思考

前面讲过，一个人倘若没有正确的哲学和思维方式，即便具备才能，最终也会失败。哪怕取得成功，也是一时的。

关于学习和实践正确的思维方式，西乡隆盛曾这样论述道："行道者，顾逢困厄，立何等艰难之境，事之成否、身之死生，无关也。人者，事有擅否，物有成否，自然亦有动摇之人。人行道，蹈道无擅否，亦无成否。故尽行道乐道，若逢艰难，凌之，愈行道乐道。予自壮年屡罹艰难，故今遇何事，皆不动摇，实乃幸也。"

换言之，人的才能各不相同，且有高有低。切不可妄自菲薄、自视才低、灰心气馁。因为最关键的并不是才能，而是走正道。只要有心，人人皆可行正道。而正道即天道，是上天认同和乐于看到的活法和想法。所以说，要坚持学习和实践"作为人，何谓正确"的原理原则，即便遭遇艰难困苦，也要积极开朗地面对，并在该过程中体会到人生的喜悦。

这正是上天认同并乐于看到的活法和想法，也是比个人能力更为重要的因素。对于西乡的上述教诲，稻盛和夫通过一个方程式，将其解释得具象易懂。

人生·工作的结果＝思维方式 × 热情 × 能力

换言之，人生和工作的结果由三大要素的乘法关系决定。先是能力，其主要指先天的才能和智力。然后是热情，即达成目标所需的干劲和努力。这属于后天要素。上面两大要素的数值范围都是从 0 到 100。由于是乘法关系，因此一个人如果热情不足，即便有能力，结果也不会理想。反之，一个人如果缺乏能力，但能够认清自我定位、倾注热情和努力，则能够取得超越能人的成就。

而在该方程式中，最关键的要数"思维方式"。就如西乡所说，作为人，必须实践正确的活法，拥有正确的想法。而根据稻盛的理论，思维方式之所以重要，其原因还不止于此。在上述方程式中，思维方式的数值范围为从 –100 到 +100。换言之，如果思维方式不正确，哪怕具备能力和热情，其结果也会变成负值。比如那些黑社会老大，他们有能力、有热情，但却走上了祸害他人的道路。这种负面的"成就"，绝对谈不上幸福，既没有为社会做出贡献，也得不到上天的认同。

那么怎样的思维方式才能收获真正的成功和幸福呢？简单来说就四个字——敬天爱人。具体来说，就是保持乐观和积极的态度，心怀感恩之情，拥有与人团结合作的协调性，充满正能量和善意，懂得体恤他人，且努力，知足，不自私自利，不被欲望所俘虏，等等。

稲盛曾说："平日留心自己的思维方式，发挥既有能力，坚持倾注热情。这便是取得人生重大成果的秘诀，这便是走向成功人生的王道。原因很简单，这是顺应宇宙法则的活法。"换言之，实践这种活法的人能够取悦上天，从而得到天助。

名言精华集萃

　　是否拥有优秀的思维方式和人生哲学，将会大幅左右一个人的人生结果。

——稻盛和夫

　　道乃天地自然之物，无东西之别。

——西乡隆盛

远大志向与每日实践

　　西乡隆盛受日本人尊敬的另一个原因，是其志向之远大。何为真正的"志"？即心怀为社会、为世人做贡献的宏大目标，以及为实现该目标而提升自我的决心和准备。

　　话虽如此，但每个人的境界不同，其志向亦有差别。年轻人立志，往往倾向于实现自身价值。大多数情况下，这也不能算错。以西乡为例，其年轻时的志向大致有两方面：一是与藩内的上级领导成功交涉，从而尽量减轻自己监督范围内的农民们的生活负担；二是作为"正义派"政治阵营的成员而尽力，从而帮助藩主世子中的有明君之才的岛津齐彬坐上藩主之位。换言之，当时他的格局还有限，不要说全世界，就连全日本都未顾及。

　　但随着岛津齐彬继任藩主之位，西乡被提拔为其身边的亲信，从那之后，西乡的志向就变得日渐远大了。岛津齐彬生在江户长在江户，从小受到严格的教育，再加上曾祖父岛津重豪的影响，他对西方文明产生了兴趣，通过学习，通晓了西方的科学技术。在这样的背景下，齐彬心怀的志向是"师夷长技以制夷"：先充实和发展萨摩藩的综合实力，对中央幕府施加影响，然后与尊敬的年轻老中阿部正弘及实力派诸侯结盟协作，对抗对日本虎视眈眈的外国势力，并团结日本的内部力量。

但齐彬"押注"的阿部正弘却突然离世，接班的井伊直弼升为大老后，便不可一世地行使暴政，企图让日本走向倒退之路。井伊巩固了幕府的集权，并试图武力镇压各实力派诸侯的结盟运动，而"安政大狱"就是其开端。

对此，齐彬感到国运危难，于是决定举兵上京，守护皇宫朝廷，促使幕府反省（当时西乡也在京都努力促成此事）。齐彬当时曾说道："以此时局，天下必乱。国内人心惶惶，列强逼迫开国，实为危急存亡之际也。古人云，民心一致为政之要目。吾自幼受此教诲，今其成吾必须思考之要旨。观日本及中国历史，民心不和，则国亡。大秦纵有万里长城之坚守，然遂成无用之物。孟子亦曰'地利不如人和'。今之日本，人心不和已现，且无法止之。恐成一时乱世，治国之策亦殆。故须以觉悟谋断诸事。"

但就在出师进京之前，齐彬突然病故（也有一说是被人毒死）。因此，西乡的命运也急转直下，他被流放至远岛。但上天将齐彬未实现的大志交给了西乡。至此，西乡的志向终于有了升华：他决定改变日本的国家体制，打倒封建势力，建立以天皇为中心的国民国家，从而实现全体国民的幸福。为此，他甘愿付出一切。西乡曾说道："志学于正道者，必致力于宏其志之规模。"

西乡的人生轨迹还告诉我们，光有宏大的志向还不够，唯有伴随着每日的成长进步，志向才能成真。因此，唯有每日修养身心、实践德行。对此，他教诲道："然，惟此偏倚，或疏于修身，故须始终克己修身也。宏大规模以克己，男子者容人，非为人容。"

稻盛和夫也强调志向远大的重要性，并指出一步步努力的积累是实现目标的必要条件。他说道："应该树立非常高的目标，高得让自己觉得似乎永远无法到达。但只要一步一个脚印地不懈努力，最终必成伟业。"当京瓷还只是一家街道小工厂的规模时，稻盛就对员工立下豪言壮语："一定要打造世界一流的企业。"

但不管目标多高、志向多大，现实生活还是一天天地过。关键在于不忘目标和志向，认真努力地过好每一天，让自己每一天都有一点点进步。这样的日积月累，便是迈向成功的巨大推力。对此，稻盛说道："眼下一分一秒（的努力）积累成了今天一天，一天天积累成了一周、一个月乃至一年。等到回过神来，发现自己已然站在先前遥不可及的山顶。我们人生的意义便在于此。"

纵观稻盛和夫与西乡隆盛的人生轨迹，可以知道，若想达成人生的终极关怀，就必须心怀远大志向，每日努力工作，不忘修养道德、实践德行。

名言精华集萃

不走贪图安逸的捷径，以朴实和认真的态度，每天一步一个脚印地积累，最终实现梦想和愿望。这便是凡人能够做出的非凡之举。

——稻盛和夫

有志于学者，必宏大规模。

——西乡隆盛

克己

要想贯彻"敬天爱人"的活法，就必须拥有"克己之心"。克己，是实现敬天爱人的首要前提，但这又是人最难做到的美德之一。对此，西乡隆盛阐述道："道乃天地自然之道，故讲学之道，在于敬天爱人，以克己修身为终始也。"他还对世人劝诫道："凡人皆以克己成，以纵己败。观古今人物，事业初创之其事大抵十之成七八，余二三终成者稀。盖因初能谨言慎行，故功立名显。然不觉爱己之心，恐惧慎戒之意弛。骄矜之气渐涨。恃既成事业，苟信己万般皆能，则陷不利而事终败，皆自招也。故克己，于人未睹未闻处慎戒也。"

就如西乡所述，所谓自我修养之根本，归根到底是锻炼自控力。人若不自省和慎独，自私之心便容易高涨，甚至变得骄傲自满，听不进别人的意见和劝告。而一旦事业有成、名声显赫，其自私自大的倾向就会愈发强烈，最终马失前蹄，以败局收场。为了避免这样的情况，就必须以"敬天爱人"为目标，不忘虚心学习、修身克己。西乡还指出，"克己"的修养必须从平时做起，每天皆不可懈怠。"克己，临于万事欲克而不得。故先修身养性而后成也。"

对于克己，稻盛和夫则根据佛教教义，得出了以下的心得。人的心念若不加管束，便会欲望汹涌。这是人为了求生的本能，也是烦恼的根源。比如肚子饿了就会心生"食欲"，遭遇外敌就会心生"愤怒"。此外，由于人无知蒙昧，因此会有"愚痴"。这"贪（欲望）""嗔（愤怒）""痴（愚痴）"，在佛教中被称为"三毒"，若对其放任，它们便会在人的心念中肆虐。而抑制这诸般烦恼的行为，便是克己。

和西乡一样，稻盛也认为人在创业伊始时比较容易提升克己之心而取得成功，但难在坚持。对此，他阐述道："（大部分创业者）起初谦虚谨慎，贯彻天道，诚信待人，拼命努力，因此收获了成功和名声。但随着能力和地位的不断提高，其慎独的态度却渐渐松懈，自私之心则日益抬头。先前明明能够严格克己，如今却变得自褒自夸。这样的转变并非源自他人的赞扬和奉承，而是自我心境的变化，'自己之前那么辛苦打拼，总算有了今天，实在是了不起'。这样的心态让自己失掉了谦虚的精神。一旦成功，一旦有名，这样的情况必然会发生。"

此外，对于西乡强调的"平日的克己训练"，稻盛有个有益的方法。只要按照下面说的去做，便能够抑制私欲，养成克己的习惯。在平日判断诸事时，瞬间做出的判断往往基于本能和欲望。因此在传达给对方之前，暂且予以保留，然后深吸一口气，三思之后再作答。所谓三思，即自问"自己的判断是否夹杂私欲和私心"。这种方法叫作"理性缓冲"，它能够避免基于欲望的本能判断，使人做出的判断尽量接近于理性。

所谓克己，归根结底是为了实现"敬天爱人"的一种修行。做到克己，便能够贯彻"为社会、为世人做贡献"的活法，从而让上天喜悦，让自身取得真正意义的成功。因此，克己与利他心有相通之处。对此，稻盛阐述道："抑制私欲私心，便是接近利他之举。在我看来，这种优先考虑他人的境界，是人的道德品质中最高尚、最善良的。优先利他，无私无我。不先考虑自己，而把'为社会、为世人做贡献'作为优先事项。这样的利他心一旦产生，人就能摆脱欲望的蛊惑。此外，利他心还能消灭烦恼之毒，洗净欲望之浊染，让美丽纯净的'无明之心'显现，从而勾勒出美好的人生愿望。"

名言精华集萃

克己需要十分坚强的意志。在考量一个人的能力时，其意志的坚强程度也应纳入其中。

——稻盛和夫

凡人者，皆以克己成，以纵己败。

——西乡隆盛

平日的细心注意是关键

西乡隆盛高大魁梧，似乎是个"粗人"，因此一般人往往以为其不擅长对细节的留意、判断以及对紧急情况的处理，这些事情都由部下全权代理，但事实却恰恰相反。对于细节问题，西乡会逐一认真判断，并且对事先的准备工作也毫不懈怠。尤其是在倒幕运动中，其亲自制定战术和战略，并对各种细节做出预判，甚至还对大久保利通下指示。这与大多数人对他的固有印象截然不同，不免让人感到意外。

对于平日不能做到细心注意之人，他如此劝诫道："平日不循道（正确的活法），临事狼狈，处理无措也。譬如近邻失火，平生有备者泰然，利落应对。平日无备者，惟狼狈，不能处置。同理，平生未循道者，临事无策也。"

胜部真长的力作《西乡隆盛》受到高度评价，他在书中对于西乡平日工作风格的描述颇为写实。前面提到，人们对西乡的固有印象是"大大咧咧的粗人"，就像位于上野的西乡隆盛铜像的外貌一般。但胜部则还原了西乡鲜为人知的细致一面：筹划缜密、计算细致，宛如现代的"商业精英"。下面是该书的选摘内容。

西乡隆盛留下的13封事务联络信件，便是（他处事严谨的）证据。这些信件是他于明治元年四月至五月在江户池上本门寺的官军大本营写的，收件方是萨摩的辎重队（搬送军粮、弹药等物资的后勤部队）。纵观信件内容，其考虑之周密，已经到了"具体到一张纸半文钱"的程度。体现了他"粗中有细"且"细致入微"的性格特征。现摘抄书信内容如下。

元年闰四月二十五日

之前所报之事，吾已承知。至于遣赴横滨之临时雇工，尔今日须给其七日之薪金。既已告知于其，今后每七日支给一次，故望信守之。

同年五月二日

佣于三番队内之伤兵看护妇，其薪金支给何如？若知情，望依至今日之所计日数，给其薪金。若薪金尚未定，望定每日薪金之额，每五日支给一次。看护病人之薪金，京都一带之病院皆可参照。若薪金不多，恐看护妇不能勤为，且其甚为苦劳，须特予以体察优待，以励其勤行。

同年五月五日

去年从俘虏处所缴之刀，先前由海军队保管。近日受命转至辎重队，望尔受取。刀具皆有签，上书姓名及数量。望笔录于一纸并呈之。待日后制箧箱，置其于内。

同年五月七日

昨日，吾闻俘虏中有二人之刀未被受取，应接者为何人？望查之，并告之于吾。

而稻盛和夫则以中村天风的"有意注意"思想，对西乡这种处事细致的品质予以理论补充，进一步阐明了其重要性。

中村天风曾受到政治家头山满的赏识。后来中村患上大病，前往印度，拜印度瑜伽圣人为师，在其指导下修行，终成"哲人"级人物，著述颇丰。其中以《如何实现成功》为代表的作品，可谓二战后不少日本企业家的教科书。稻盛和夫亦是读者之一。

中村天风所提倡的"有意注意"是指具有目的性的认真态度，强调意识和神经的集中。换言之，不管处理多么琐碎细小的事情和情况，都要有意识地集中自己的注意力。通过年轻时的失败经验，稻盛明白了"有意注意"的重要性，并将其与西乡隆盛的教诲融合，形成了自己的思想。

创业伊始，稻盛因为太忙，对有些事情无心顾及，便简单地做出判断，或者觉得有些事情不太重要，便全权交给下属去办，可之后却出现了大问题。对此，他反省道："面对纷繁的事务和状况，必须瞬间做出决策判断。为此，精神需要极度集中，并且需要长时间保持集中。如果做不到这点，便无法持续做出正确判断，从而无法使企业稳定运作。"

名言精华集萃

拥有极高的注意力和洞察力，从而能够快速做出正确判断。这样的人可谓真正的能人。

——稻盛和夫

平日不循道，临事狼狈，处理无措也。

——西乡隆盛

重视每日修养

只有通过每日的修养来磨砺和提升自我，才能获得成长、抓住机遇、取得成功。倘若做不到这点，即便取得成功，也是一时的。

西乡曾说："世人所倡之机会，多为侥幸所得。真正之机会，在尽理而行，审势以动。平日忧国忧天下之诚心不厚，只趁时而成，事业绝难永续。"

德川家康是众人皆知的历史人物，而他的自律和正直也是出了名的。从年轻时起，他便注意每日的修养。而《论语》中的一段话，据说是他律己的座右铭。现引用如下，孔子曰："君子有九思：视思明，听思聪，色思温，貌思恭，言思忠，事思敬，疑思问，忿思难，见得思义。"

而西乡隆盛也受到了《论语》的影响，对于如何每日修养克己之心，他提出了"毋意，毋必，毋固，毋我"（不主观，不独断，不固执，不唯我）的方法。

而西乡热心研读且勤做笔记的佐藤一齐所著的《言志四

录》中亦有一段强调每日修养必要性的内容。在西乡看来，该内容恰如其分地针砭了当时高官们的症结：缺乏面对逆境时的修养。现引用如下："今自身陷贫乏之境遇，若心不接受、不修养、不向正道，日后富足时，则必骄奢。或今自身在富足之境遇，若疏于修养、不向正道，日后贫乏时，则必狼狈。"

对于每日的修养，稻盛和夫重视并实践的方法是"六项精进"。它能够磨砺灵魂、提升心性，实现真正的人生价值。

①付出不亚于任何人的努力

比他人更为努力地钻研，并且坚持不懈。

②谦虚戒骄

谦虚之心能够召唤幸福，净化心灵。

③天天反省

每天审视自己的行为和心念，反省自己是否生自私之念，是否有卑劣之举，有则改之。

④活着就要感谢

要明白"活着就是幸福"，对于哪怕再小的好事，也要心怀感激。

⑤积善行、思利他

行善利他。平时的一言一行皆要体恤他人，以此来磨砺人格。

⑥不要有感性的烦恼

一直抱怨并无意义。不要惴惴不安，不要烦心懊恼。做事时要全身心投入，以免将来后悔。

以上便是六项精进，它是稻盛和夫基于佛教教义而总结出的每日修养心法。对此，稻盛曾说道："我相信，只要诚心践行（六项精进），就能磨砺灵魂，度过精彩的人生。"

名言精华集萃

　　与宇宙那漫长的历史相比，人生不过是一闪而过的刹那。但正因为如此，我们更要认清人生的意义，让这刹那的结点拥有比起点更高的价值。

——稻盛和夫

　　真正之机会，在尽理而行，审势以动。

——西乡隆盛

通过读书来提升心性

通过上面的阐述可知，比较稻盛和夫与西乡隆盛的活法，确有不少共通之处。而除了上述特质外，二人还有一个十分相似的地方，那便是读书及活用书本知识的方法。他俩皆非学者，但阅读的质和量足以让许多学者汗颜。而最了不起的是，他们阅读和思考的目的是付诸实践，从而为社会做贡献。阅读，思考，实践，然后再阅读，再思考……通过这样的不断验证，逐渐提升心性，从而完善人格，实现成长。

而西乡隆盛也曾说道："无欲成圣贤之志，见古人事迹，思难企及，较临阵脱逃尤卑怯也。朱子亦云，见白刃而逃者，无救矣。诚读圣贤之书，身心体验其所为，是为修行，惟知其言其事，徒劳也。予闻今人论，何等至理，然难通所为，仅止口舌，无感佩之心。见真为之人，实折服也。空读圣贤之书，犹旁观人之剑术，全无领会。全无领会者，倘一交手，无他法，惟逃之夭夭也。"

西乡倡导读书要活学活用，要付诸实践，且应怀有立志成为孔孟圣贤的决心。倘若只为了获取和卖弄知识，即便读书破万卷亦无意义。在西乡看来，这样的人顶多是个"书虫"而已。

新渡户稻造所著的《武士道》中，引用了西乡所批判的"书虫"，并介绍了读书在日本武士道中的重要性。"武士的典型代表西乡隆盛把精通文学的学者称为'书虫'。而日本江户时代的思想家三浦梅园则把学问比喻为'有青草臭的蔬菜'，他说道：'学问如同有青草臭的蔬菜，必须加水焯之，以除其臭。读书者，染学者之臭；勤读者，则学者之臭更烈。实为恼人之事。'由此可见，所谓知识，必须于习得之人的内心同化，并在其品格中显现出来，才算实现了知识的真正价值。"

新渡户稻造还在书中写道："所谓武士道，并非单纯重视知识，而是把知识视为获得英知（即真正的智慧）的手段。因此，那些未及英知层次之人，即便文才通达，也只能算个会根据命题要求作诗撰文的机器而已。在武士道看来，知识必须与人生的具体实践相一致。"

而西乡勤于摘录的《言志四录》中，也有下面一段话："研学问之始，应先立志成贤人伟器，后涉读书。若只勤于充己之识，恐有骄傲之心，或颠倒正邪之举。此如'授敌以器，与盗以食'，令人甚忧也。"

可见，在读书这件事上，西乡也贯彻着"知行合一"的务实态度。对此，头山满在自己的著书中写道："人们一般认为南洲翁（西乡隆盛）并非学者，但其实他阅读涉猎之广，绝非教授之辈所能及。不仅如此，他还擅于抓住书中所述要领，并将其活学活用。论该才能，他可谓古今鲜有的大学者。"头山满还在书中引用了福羽美静（活跃于幕末和明治时期的国学家）对西乡的评价："余读书百册，不及大久保读书十册。大久保读书十册，不及西乡读书一册。"由此可知，在将书本知识和教诲活学活用方面，西乡可谓十分优秀。而一众伟人也异口同声地强调读书和学问的真谛，即为了成为圣贤的实践依据。

而稻盛和夫也说道："我认为，读书不应单纯为了娱乐，而应以提升心性、磨砺灵魂为目的。要养成读好书的习惯，并认真吸收其内容。"而随着这种习惯的逐渐养成和持续，稻盛还在这一过程中悟到了如下宝贵心得："（我）一开始还是想向松下幸之助先生学习，所以在工作的空余时间里如饥似渴地阅读和他有关的书。此外，我也认真阅读了介绍本田宗一郎先生的书。不仅如此，当时虽然忙于公司经营，但我还是会见缝插针地看一些中国古典和介绍孔孟之道的书，以及佛教图书。就这样，我坚持挤出时间阅读，往往随手拿过一本就看起来，看完放回书架，过段时间又拿出来看。随着这样的反复，我渐渐明白了书中的道理，从而感叹人之法门的奇妙。当时的我作为一个企业家，同时也是一个充满苦恼的凡人，在把自己每天的遭遇和书中的教诲相对照时，我愈发确信，人如果没有坚定且正确的思维方式，就无法成就伟大事业，这是我们这个世界的绝对真理。"

就这样，哪怕工作到再晚，稻盛都会在睡前看书。从年轻时起，他便养成了阅读中国古典、哲学以及宗教图书的习惯，有时还会在泡澡时看。有时难得周末休息，他就喜欢看一整天书。对于读书的意义，他如此阐释："在人生中，最重要的当然还是通过实践来获得经验，但读书能够升华经验的意义。而书本的另一个好处是能够让读者了解未能体验的事物，使在'脑中模拟'成为可能。"

名言精华集萃

　　自身获得的直接经验，加上读书习得的间接经验。二者构成了促成人生成功的精神基础。

——稻盛和夫

　　诚读圣贤之书，身心体验其所为，是为修行。惟知其言其事，乃徒劳也。

——西乡隆盛

知足的活法

西乡隆盛既是克己之人，也几乎不存私欲，可谓知足者的典型。他完全没想过要住豪华的宅子或者吃奢侈的美食。

但纵观明治维新后的新政客和官僚，却弥漫着一股奢靡之风。对此，西乡在太政官会议上屡次提出"肃正纲纪"的建议，且决议通过并昭告天下，但官吏们依旧阳奉阴违，不予遵守。其中情节严重恶劣的，不但个人生活作风奢侈浮夸，还强取贿赂、以权敛财。时任大藏大辅（相当于财政厅主管）的井上馨便是当时的反面典型之一，西乡讥讽其为"三井家族的管家"。

当时大部分高官都身穿华美服装、乘坐马车上下班。而西乡则身穿棉质的普通上衣和袴裤，脚上是草鞋，上班还自带饭团便当。不仅如此，西乡住得也很朴素。他当时和一些书生住在一起，房子位于日本桥小纲町，其土地面积是不小，但住房不大，且较为简陋。有一次，岩仓具视前来拜访，惊于西乡之陋室，劝西乡"应居于与身份相符之宅邸"。对此，西乡笑着答道："与寒舍相比，如今国之家更为凋敝。"

西乡当时甚为痛苦，在心中垂泪嗟叹道："若如此，尚不如明治维新前。""若如此，倒幕之战意义何在？"他还说道："然草创之始，华屋，锦服，美妾，谋财，维新之功业终难成也。今戊辰之义战既成营私之态，念此，无颜以对天下及战死者也。"此外，他还对日本的将来忧虑道："失节义廉耻，决无持国之道，西洋各国亦然。位于上者对下争利忘义，下皆仿之，人心皆趋财利，卑吝之情日长，失节义廉耻之志操，父子兄弟之间亦争钱财，至反目也。长此以往，何以持国？"

众所周知，中国的老子提倡"知足"，他的名言"知足者富""知足不辱，知止不殆"等，在后世广为流传。而西乡不但是武士道精神的楷模，其同时也兼具老子的这种人生观。西乡尤其赞同老子所说的"富贵而骄，自遗其咎。功遂身退，天之道也"，并将其作为自己的人生信条。老子这句话的意思是，一个人如果得了富贵而骄奢，就会走上自灭之路；一个人如果功成，就要懂得身退，这便是天道。

稻盛和夫也崇拜老子，他十分认同老子所说的"知足"和"天网恢恢，疏而不漏"。在老子看来，上天时时刻刻在观察和注视着世人的一举一动，因此提出了"常与善人"的观点，即上天常常帮助善人。

可见，稻盛和西乡一样，把抑制个人私欲的活法作为人生信条，并坚持恪守。对于当今的日本人而言，"知足"是在日常生活中应该遵循的根本性思想和哲学。因为这是大自然的法则，而人作为大自然的一员，理应学习这种"节制、适度"的生活态度。比如作为百兽之王的狮子，在饱腹时，它们并不会再去攻击和吞食猎物。

　　对于日本今后的发展方向，稻盛认为，不应一味追求"领先于世界的物质富足"，而应摸索"如何充实和丰富人们的心灵"。对此，他曾说道："私欲要适可而止，不要贪求百分百的满足，要把其中的一部分与他人共享，或者说要懂得布施和满足他人的需求，应该具备这种善良和体恤之心。可能有人觉得我太天真，可能有人觉得我太理想主义，但我坚信，这样的思维方式必能拯救日本，乃至拯救地球。"这便是稻盛指明的日本发展之路。假如西乡隆盛今天还活着，肯定会大声地对稻盛说"尔所言极是"，高兴地表示赞同。

名言精华集萃

　　日本人今后所需要的是懂得知足的活法，这也是释尊的教诲之一。

——稻盛和夫

　　失节义廉耻，决无持国之道。

——西乡隆盛

第三章

开启命运之门

敬天爱人

行正道便能开启命运之门

当年，西乡隆盛即便饱尝辛酸、历经苦难，却依然坚持贯彻作为人的正确活法和处事方式。他为了国家鞠躬尽瘁，这种高尚的品质感动了周围的人，于是大家都愿意为他出力。这便是西乡"行天地自然之正道，循敬天爱人之活法"的善果。他的活法是如此纯粹：不管遭遇什么，都不违背良心，不违反原则，不玩弄计谋。因为贯彻"敬天爱人"，他提倡"不与人对，与天对。与天相对，尽己责而勿咎人，寻己诚之不足"。

所以他坚决反对人与人之间的权术和计谋斗争。对此，他还强调道："事无大小，踏正道推至诚，凡事不可使诈谋。人临障碍，多爱用计，一旦事畅，后伺机而动。然计必生烦，事必败矣。行正道，目下迂远，然先行则早成也。"换言之，如果玩弄计谋偏离作为人的正道，终将自食恶果。

明治维新后，目睹新政府中的政客们玩弄权术和计谋，感到失望的西乡离开东京，回到了鹿儿岛。还乡后，他对弟弟西乡从道说："迄今未曾用计，后亦无劣迹，此言可见。"

而稻盛和夫的想法也与西乡类似。有的人认为商场如战场，是个弱肉强食的世界，因此可以不择手段。对此，稻盛表示坚决否定。在他看来，企业经营的第一要旨是"内观自强"，在寻思如何应对竞争对手之前，应该先努力把自身做大做强。

　　就如西乡所说，靠计谋获得的成功绝不会长久。设想一下，假如你施计对付别人，别人也会以同样的手段对付你，造成一场"宫心计"般的无休止争斗，明里暗里，虚虚实实。久而久之，就会偏离正道和正确的活法，最终陷入失败的泥潭。

　　因此，稻盛劝诫世人不要要计谋，不要走邪道。他曾说道："世上有不少喜欢耍小聪明、玩弄计谋的人。他们脑子里整天想的是尔虞我诈，一边左右逢源、满脸堆笑，一边把别人当成自己出人头地的垫脚石，且没有丝毫愧疚。我们不能着了他们的道，不能受他们的影响。正所谓'天网恢恢，疏而不漏'，他们的好日子并不会长久。所以说，要努力埋头做自己该做的事，不要过于在意别人的行为。以一颗君子之心，真诚而坦荡地活着，这就足够了。"

名言精华集萃

玩弄计谋或许能取得一时的成功，但绝不会长久，且终将失败。

——稻盛和夫

平日勿施计。以计行事，其迹不善视之判然，必悔也。

——西乡隆盛

将愿望升华为信念

西乡有句名言,"几历辛酸志始坚",这正是他个人成长经历的写照。年轻时,他也和许多人一样,在遭遇挫折后容易胆怯,产生放弃的念头。但通过不断的自我反省,他终于将自身的愿望和志向升华为信念,磨砺出了永不气馁、坚持到底的性格。而正是在回顾这样的人生轨迹时,他总结出了这句名言。

西乡最初的志向是辅佐齐彬实现其政治理想。齐彬的政治理想即"三方联合":在萨摩藩的主导下,幕府、朝廷和实力派诸侯们团结一致,(在西方列强横行世界的形势下)保卫日本主权,促成日本发展。但齐彬死后,西乡遭受了挫折和冷遇,一度动摇了自己的志向。

但他没有忘却年轻时读过的圣贤之书以及其中的教诲,比如老子的"天道无亲,常与善人"和阳明学的"知行合一"等。这些教诲让他再次认识到实践的重要性:单纯对理论和教条的了解并无甚意义,唯有亲身实践、得出成果,才算是获得了

"真知"。再加上众人的支持，西乡受到激励，不但继承了齐彬未完成的大志，且将其丰富和具体，成为他自己人生志向的一部分。最终，他的志向升华为一个伟大的信念：建立以天皇为中心，代表国民利益的统一国家。之后，人们被他的信念所感召，纷纷助其一臂之力，最终实现了明治维新的大业。

由此可见，一旦将愿望升华为信念，就比较容易接近西乡所提倡的境界，"不惜命、不图名，亦不为官位钱财"。西乡认为，这便是孟子口中的"真正之人物"。西乡曾说道："孟子曰：'居天下之广居，立天下之正位，行天下之大道。得志与民由之，不得志独行其道。富贵不能淫，贫贱不能移，威武不能屈。'乃真正之人物也。"

前面提到，西乡年轻时遭遇挫折、梦想破灭，因而一度想过放弃。许多人在现实生活中都会这样，而稻盛和夫把这种心态和活法称为"状况的奴隶"或"状况妄动型人群"。它指的是这种人：抱有愿望和志向，知道自己想做什么，但鉴于自身所处的社会和经济形势，认为梦想和目标难以实现，于是气馁放弃。而稻盛强调，人们不能做"状况的奴隶"。

他把坚定志向后的西乡作为榜样，并鼓励大家和西乡一样，把自己的愿望升华为信念。他还说道："如果抱有强烈愿望，不放弃自己的梦想，人就会不断思考和改良将其实现的方法。如果这种愿望十分迫切且发自心底，人的大脑就会不断朝着该方向做功，思索克服现实困难的对策，哪怕在睡眠中也不停歇。

这样一来，人就会获得不可思议的创造力。"他还说："要做到不达目的决不放弃。"像西乡隆盛和稻盛和夫这样把愿望升华为信念的人，其志向和目标必会实现。

名言精华集萃

一个人如果抱有发自心底且升华为信念的愿望，就会开始努力钻研、发挥创意，从而解决一切成功之路上的问题和障碍。

——稻盛和夫

行道者，举天下毁无不满，天下誉亦不自满，缘自信厚之故也。

——西乡隆盛

念想强则事成

要想成功挑战较高的目标和较难的工作，要先具备"强烈的念想"。一个人如果念想不强，就不会去制定周密的计划，行动时也会趋于懈怠，愿望自然无法实现。

而事事言行一致的西乡隆盛则不同，对于一定想做成的事情，他会准备周全，并朝着目标全力奋斗。因此他能满怀自信地说："真正之机会，在尽理而行，审势以动。"

比如在岛津齐彬死后，继承藩主之位的岛津久光以"继承齐彬遗志"为由，打算立刻带兵进京，而西乡则劝诫道："（当下）准备尚不充分，如随性之举也。"从中可见西乡的思维方式：如果愿望不真切、念想不强烈，准备工作也不会到位，则几乎不可能实现。

久光对于改革的热情不可与齐彬同日而语。齐彬健在时，"公武合体"是唯一出路，但等到久光执政时，以天皇为中心的政治体制亦不失为一种选择。此外，齐彬拥有"人和"，天下人景仰其贤明，朝廷及幕府内有不少与他志同道合之士，各实力派诸侯与他结盟并积极筹备改革。反观久光，中央无名，朝廷无官，幕府无席，与各大名亦无甚交情。所以说，久光的计划只能说是"拍脑袋"的行动，而非基于真正的强烈念想。

而西乡热心研读且勤做笔记的《言志四录》中亦有一段强调念想的内容："心之动则为思。思者，勤于正道也。思切则详正道、践诚实。践诚实者，谓之行也。详正道者，谓之知也。故知与行皆可归于思之一字。"

这段话正好解释了阳明学"知行合一"的思维方式，同时也是西乡隆盛自身活法的写照。换言之，所谓"真挚而强烈的念想"包括两方面：一是"知"，即理解何谓正道；二是"行"，即真诚努力地践行。

有意思的是，儒家孔圣人也有类似的论述，他曾说道："唐棣之华，偏其反而。岂不尔思？室是远而。"子曰："未之思也，夫何远之有？"前半句引用了一首中国古诗，诗的意思是："唐棣的花朵啊，翩翩地摇摆。我岂能不想念你呢？只是家住得太远了。"后半句是孔子的点评，意思是："他还是没有真的想念。如果真的想念，怎么会遥远呢？"

孔子对这首描写男女恋情的诗的点评，与后来阳明学的"知行合一"思想颇为吻合。换言之，只要念想够强烈、够真挚，就没有做不到的事。如果有，那就证明念想还没到位。

而稻盛和夫第一次接触到这个道理是在创业不久后。有一天，他在聆听松下幸之助的演讲。当时松下刚好讲到"水库式经营"的理念。所谓"水库式经营"，顾名思义，是一种未雨绸缪的经营理念。没有水库的江河受气候影响很大，大雨持续便会发生洪涝，久无降雨便会导致干涸，所以人们会筑起水库，储存水，以备不时之需。而松下认为企业经营亦是如此，必须做好准备，留有富余，以应对突发情况。

讲到这里，会场中有人举手问道："我十分赞同您说的'水库式经营'，但我们公司目前没有富余，希望您告诉我该怎么做才能有富余。"对此，松下答道："至于让公司有富余的方法，我也不清楚。但我知道，必须这么想，必须对'公司一定要有富余'这件事怀有强烈的念想。"

听了这番作答，会场中的不少人不禁笑了出来，似乎在说"这算哪门子回答"。但稻盛当时却十分震惊，感到一阵电流游走全身。他明白，松下的这番话是切中要害的真理。

对此，他日后感慨道："松下先生当时的意思是：心不唤物则物不至。对于自己的理想，如果心存'现实残酷，难以实现'之类的负面想法，等于是在给自己迈向成功的路上制造障碍。连自己都不相信的事情，又怎么会努力去做呢？只有心怀强烈的愿望，打心眼里相信其一定会实现，才能排除万难，最终收获成功。"

名言精华集萃

心念最为重要，它好比一颗种子，在人生这座庭园里
生根、发芽、开花、结果，可谓一切的开端。

——稻盛和夫

量入为出，别无他法。

——西乡隆盛

善念开启美好人生

　　纵观西乡隆盛的教诲和实践，完全是心怀善念、贯彻正道的楷模式活法。不管在何种情况下，他都坚持"信天""与天对"的思维方式，且坚决反对玩弄计谋。因为他坚信，以这种正念和善念处事，上天便会喜悦，从而出手相助。他坚信，整个宇宙的运行都遵循着这样的天道。

　　所以，有一次与人争论"何为文明"时，他说道："文明，赞道理遍行之语也，非言宫室之庄严、衣服之美丽、外观之浮华。闻世人所倡，何为文明、何为野蛮，全然不解。予尝与人论，回：'西洋野蛮。'彼以'否！文明也'争。予连驳之：'非也，非也，野蛮矣。'彼惑：'何言至此？'予答曰：'倘西洋实文明，对未开化之国本慈爱、恳说谕、启其开明。然非如此，对未开蒙昧之国行极残忍之事以利己，此乃野蛮也。'其人遂闭口无言。"

　　这便是西乡对于"何谓文明"的看法。可见，所谓真正的文明，应该是本着"给予人们更为美好幸福的生活"之目的，从而发展科技、学问和思想的社会行为。换言之，文明是一种贡献，为的是让人类在美好的道路上不断前行。为什么这么说呢？因为这是上天（或者说造物主、宇宙）赋予我们的正确活法和进化方向。正因为十分理解上天为人类指明的这个方向，西乡才会拥有"敬天爱人"的思想。

再看稻盛和夫，其人生轨迹完美地证明了西乡思想的正确性，即"善念开启美好人生"。所谓善念，可理解为"为社会、为世人做贡献"的心念，而这便是宇宙的本源性思想。换言之，整个宇宙有一股"能量流"，或者说是宇宙的"意志"，其主旨是"改善、进化、发展"。所以说，如果顺着这股能量做人处事，就能给自己的人生带来成功和繁荣。反之，如果逆流而动，其结果只能是没落和衰退。

对于该结论，稻盛以宇宙的形成过程为例，用科研人员的风格简单易懂地做了如下说明：

　　大约130亿年前，处于极度高温高压下的基本粒子团发生大爆炸，这便是宇宙的起源（大爆炸理论）。之后，宇宙就如同一个生命体，不断成长。其成长过程可大致归纳如下：形成物质的微观粒子叫原子，这原子的原子核又由质子、中子和介子所构成。而如果打碎质子和中子，又会发现里面还有基本粒子。换言之，如果探求物质的本原，会发现一切归于基本粒子。

　　由此可见，在宇宙混沌初开时，大爆炸喷发出的基本粒子先相互结合，形成了质子、中子和介子，它们进一步组成原子核后，又与电子结合，从而组成原子。之后通过聚变形成各种原子，然后同种原子再组成分子，分子再组成高分子，高分子再形成DNA。至此，生命出现了。

而这种原始形态的生命再经过漫长岁月的不断进化，最终诞生了人类这种高等生物。换言之，所谓宇宙的历史，即基本粒子进化为高等生命体的动态过程。

可见，像这样如实回顾宇宙的历史，便能发现西乡认为和坚信的"天之意志"真实不虚。对此，稻盛还说道："宇宙拥有一种意志和力量（或者说'气'和'能量'），其片刻不停地让万物产生和发展。且其以'善意'驱动，旨在引导包括人类在内的所有生物乃至无机物全部朝着'善的方向'发展进化。'善有善报'的因果法则也好，基本粒子不断组合为原子、分子和高分子的进化过程也好，皆由这股宇宙的力量所促成。"

在古代东方的哲学思想中，"人之初，性本善。性相近，习相远"可谓入门的金句。而通过上述对于"宇宙意志"的说明，也可充分理解这句话的正确性。

由此可见，只有理解上天及宇宙的本质、精于自我修养、心怀善念、为社会和世人做贡献，才算得上是正确的活法，才能度过有意义的人生。

名言精华集萃

善念善行与宇宙向善的意志相一致，因此自然能够招来美好结果和伟大成果。

——稻盛和夫

报国勤家之道明，百般事业随进。

——西乡隆盛

诚实即力量

　　人们常说，明治维新后的日本之所以能够取得长足发展，日本国民的诚实与勤奋是原动力。而这份诚实与勤奋，亦曾是日本人的传统美德。然而纵观当今社会，该美德却逐渐被遗忘，随之引发国民对日本未来的不安。

　　诚实与勤奋之所以被奉为日本人的传统美德，源于其在江户时代构建起的广泛社会基础。当时，不管是武士子弟接受的儒家教育还是庶民子弟接受的寺子屋教育，都把该美德作为核心，再加上当时农民和商人正直努力的态度，使得各阶层的日本人都受到了积极影响。二战前，日本全国的小学正门口都会立一尊二宫尊德的铜像，这也是全民崇尚诚实勤奋的象征。

　　当时，日本人通过读书学习诚实的重要性，而所用教材则是中国的四书五经，主要是《论语》《孟子》《中庸》。

　　据说，《中庸》是孔子的孙子子思所著，但主流学者认为，其内容拥有强烈的孟子印记。

　　对于"诚"，《中庸》中阐释道："诚者，天之道也；诚之者，人之道也。诚者，不勉而中，不思而得，从容中道，圣人也。诚之者，择善而固执之者也。"此外，孟子还得出结论：唯有"诚"才是一切的原动力。他讲道："诚者，天之道也；思诚者，人之道也。至诚而不动者，未之有也；不诚，未有能动者也。"

事实亦是如此，拯救幕末时期的日本并实现明治维新这一改革伟业的，正是一群相信诚实的力量并付诸实践的人，他们之中的代表有二宫尊德、吉田松阴，以及本书的主角之一西乡隆盛。纵观西乡的遗训，到处可见强调"诚实之重要性"的语录。

> 事无大小，踏正道推至诚，凡事不可使诈谋。
>
> 不与人对，与天对。与天相对，尽己责而勿咎人，寻己诚之不足。
>
> 以公平至诚推人。
>
> 平日忧国忧天下之诚心不厚，只趁时而成，事业定难永续。
>
> 夫天下非诚不动。

可见，如果要用一个词来定义西乡隆盛，"至诚之人"可谓恰如其分。而在稻盛和夫看来，"诚实"亦是成就诸事的关键力量，这从他上半生的经历和京瓷的发展中便可得知。此外，内村鉴三所著《代表的日本人》中二宫尊德的故事十分打动他。他曾说，自己从其（二宫尊德）身上进一步领悟了诚实的重要性。

《代表的日本人》是明治末期的著作，其主旨是让世界了解日本，因而用英文写就。书中收录了五位日本伟人。除西乡隆盛，还有上杉鹰山、二宫尊德、中江藤树和日莲上人。其中的二宫尊德是活跃在江户时代末期的实干家，他不但指导村藩的农业发展，也为地方政府的财政改革出谋划策。他通过"以德为本"的指导理念，使全国许多荒废的土地变成肥沃的田地，因而受到日本人的尊敬。将他的理念灵活运用于企业经营的人不在少数，其中之一是丰田创始人丰田佐吉。丰田佐吉也是一位集勤奋和诚实于一身的榜样型人物，他既是工程师、发明家，也是企业家。

对于二宫尊德，内村鉴三在书中点评道："（其）丝毫不搞权谋术策，唯有'至诚则感动天地'的信念。他不享奢华美食，只穿木棉衣服，不在他人家中吃饭，每天只睡两小时。早上，他先于部下赶到田里辛勤耕作和指导；傍晚，他最后一个收工回家。他与村里的乡亲们同呼吸、共命运，一起面对严酷的问题。"

对此，稻盛有着强烈共鸣："我完全同意（二宫尊德的理念）。可能不少人觉得权谋术策是经营企业时不可或缺的手段，其实完全没必要这样。只要拼命认真地过好当下的每一天，未来自然会海阔天空。不仅如此，只要堂堂正正地贯彻人生正道，自然能够开启命运之门。在经营京瓷和 DDI 的过程中，我实际体验到了该理念真实不虚。随着每天不懈努力，下一步应采取的对策自然而然在脑中浮现出来。而在付诸实践后，便取得了卓越成果。这让我不禁认为是一种'天意'：上天被我们努力的态度所打动，于是出手相助。"

名言精华集萃

　　近乎愚钝的诚实与坚毅，正是成就伟大事业的特质。京瓷的发展史便证明了这个道理。

——稻盛和夫

　　与天相对，尽己责而勿咎人，寻己诚之不足。

——西乡隆盛

动机至善

如今社会发展、科技进步，政治和经济也趋于复杂化和多元化。但对世人而言，真正应该珍视的东西并未变化。其中之一便是正确的活法。即拥有一颗正直之心，并愿意为社会和世人做贡献的精神。不管做什么，都应该基于善念。

西乡隆盛十分重视"动机"和"心念"，他曾说道："纵论制度方法，非其人难行乎。人有而后方法行，人乃第一至宝，已成其人之念甚紧要也。"此外，他认为"正确的动机"和"踏实的努力"是保持事业长青的先决条件。他阐述道："平日忧国忧天下之诚心不厚，只趁时而成，事业定难永续。"

而西乡热心研读的《言志四录》中，亦有类似的语录："若以非此不可之势而动，则无人物可障碍也。又，以不屈不挠之志行正道者，则万事不殆。"再看该书的下面一段内容："心之动念，甚精妙也，其心可谓'气'也。孟子曰：气，体之充也。故始诸事若先充其气，则无负殆之虞也。"上述观点源于《孟子·公孙丑章句上》："夫志，气之帅也；气，体之充也。

夫志至焉，气次焉。"换言之，如果抱有坚定且正确的志向（为世人做贡献），并拥有充实的"气"（精神和干劲），就能无往不利。

而稻盛和夫当年创立第二电电（如今的 KDDI），进军通信行业的案例，恰好是上述道理真实不虚的佐证。在正式成立第二电电之前的半年内，稻盛每晚睡前都会自问自答："是否真的动机至善，私心了无？是否真的是为了日本国民？是否冠冕堂皇、心口不一？是否有借机做大京瓷、狠赚一笔的私心？是否有借机出名而获得瞩目的邪念？"通过这样不断的自省自问，当能够断言"自己毫无私心"时，他才决定进军通信业。

在回顾这段岁月时，他感言道："假如当时我抛弃正确志向、沉湎私利私欲、玩弄自作聪明的策略，KDDI 恐怕就不会发展至今天的规模。唯有抛弃私心、净化志向，命运女神才会对你微笑。纵观当今商界，不少企业和个人挑战新事业和新领域，但大多以失败告终，成功者只是少数。而我相信，是否拥有一颗毫无私念的赤子之心，便是决定成败的关键。"

名言精华集萃

　　若动机及实行过程至善，则无须担心结果。

——稻盛和夫

　　人乃第一至宝，已成其人之念甚紧要也。

——西乡隆盛

答案往往在现场

纵观西乡隆盛的人生轨迹，有两点令人不禁感叹：一是其至诚之心，二是其实践之举。一旦发现能够为社会和世人做贡献的方法，他便无法袖手旁观，定会前往现场、亲身实践。

比如，当他得知农民疾苦时，便无法坐视不管，立即向藩主呈上意见书。此外，岛津齐彬死后，西乡遭遇了一波三折的人生起落，从中亦能看出他这种心意至诚和重于实践的品格。起初，西乡被流放到奄美大岛，过着隐居生活。日后，随着"西乡回归论"在藩内愈传愈烈，久光屈于民意，不情愿地将西乡召回。当时，久光打算继承齐彬遗志，对政局施加影响力，这也是他召回西乡的目的，但他又忌惮西乡的忠义。为了给举兵上京做准备，久光命令西乡率先前往九州考察形势，并叮嘱西乡要在下关地区待命，以便与久光率领的大部队会合。但西乡最后却抗了命，因为当时形势突变：得知久光将要进京的消息，全国的尊王攘夷派决定立即掀起推翻幕府的暴力恐怖活动，而西乡与尊王攘夷派颇有交情，于是决定直接赶往京都，阻止他们的过激行为。西乡当时认为兹事体大、事不宜迟，若不及时制止他们，就会造成无法收拾的局面，而久光肯定会予以理解。可结果久光却大为震怒，他立即将西乡遣回鹿儿岛，之后把西乡发配至遥远的冲永良部岛，并加以拘禁，其严酷待遇简直与死罪无异。

两年后，西乡再次被召回萨摩藩。此时的他已达人生至高境界，可谓无人可挡。至诚的他基于信念行事，成为维新运动的主角。在禁门之变后，他成为"第一次长州征伐"的军队参谋长。西乡明白，不能真的把长州给打掉，只要名义上完成"征伐"的任务即可。当时，"长州方面逐出五卿（三条实美等5名主张尊王攘夷的重臣）"是和谈条件之一。为了说服长州方面，西乡不顾自身安危，亲自前往小仓，与土佐藩出身的中冈慎太郎谈判，中冈是辅佐五卿的忠臣。

中冈起初打算借机刺杀西乡，却被他的一腔诚意和人格魅力感动，于是同意将五卿转移出长州藩，甚至答应帮助西乡说服长州的反对势力。

对于西乡，史学家井上清一直以"苛评"而著称，但对于西乡处理长州问题的水平，连他都在《西乡隆盛（上卷）》中赞许道："面对长州藩主，西乡做到了'不战而屈人之兵'，以和平方式完成了'征伐长州'的任务。不仅如此，他还保留了'倒幕派'的武装力量，甚至暗中给予帮助。不管他本人是有意还是无意，但这恰好为日后倒幕派建立全国统一战线打下了基础。此举拥有极大的历史意义。他在其过程中洞察大局，不但发挥了优秀的眼力，还体现出了其非凡勇气、诚实之心、庞大胸怀、决断魄力，以及在实行政策时缜密周到的考量。人们常说西乡是'大人物'，在处理长州问题的过程中，西乡的确展示了大人物的风采。"

由此可见，日后被称为"明治六年政变导火索"的"西乡征韩论"完全无视了西乡的活法和信条，因此可谓错误的史观。比如详细研究"明治六年政变"的史学家毛利敏彦就在《明治六年政变》中写道："没有任何书面记录证明西乡曾在阁僚会议等公开场合主张过征韩，也没有直接证据证明他曾为了士族而策划征韩。"正如佐藤一齐在《言志四录》中所述："史者，或皆传外之形迹，未传隐于内之真相也。读史者，须以外之形迹，求内之真实也。"

如果客观审视西乡之前的人生轨迹，就能明白西乡的对韩政策主张：韩国当时闭关锁国，拒绝与西方诸国及已经开国的日本进行交流，因此西乡打算亲自访韩，秉着诚意开展对话，建立两国的友好关系，进而应对将来沙俄等西方列强的威胁。

虽说历史洪流不容假设，但可以想象，倘若西乡当时以遣韩大使的身份实现对韩国的访问，日韩两国缔结友好关系，韩国同意开国（这样的可能性并不低），之后日本武力侵占韩国的悲剧或许就不会发生。

此外，对于"西乡主张征韩"这一历史误读，《西乡隆盛传》一书以胜海舟的证言做出了澄清。该证言出自安部正人所编，山冈铁舟口述的《武士道》。证言选摘如下："世俗皆以（征韩）为西乡遗志，言继其志，岂不可笑！何为其遗志？征韩论者，乃诳语耳！若西乡怀征韩之志，吾乃时之海军卿，其必询于我。""西乡主征韩之见今日犹存，如史之诈言，令吾忧帝国之前途，叹不知武士道之小儿也。"

由上述可知，西乡一生都将"正确道理"与"亲身实践"相结合，可谓"知行合一"的榜样。王阳明主张"知而不行，只是未知"，而西乡完全是遵循该道理的正面典型。换言之，他的活法教导我们"答案往往在现场"。

而稻盛和夫的想法和活法也完全与西乡的"知行合一"品格相一致。稻盛曾说，"知道"不等于"能做到"，且劝诫人们不能有这种自以为是的误解。以合成工业陶瓷材料为例，书上往往写着"如果把这种原料和那种原料混合后反复烧制，就能得到成品材料"。但即便按照这样的说明去做，也无法马上得到理想的成品。必须反复实际操作，积累经验，才能渐渐掌握真正的诀窍。换言之，知识唯有与足够的经验融合，才能真正"做到"。在那之前，只能算"知道"而已。

可见，稻盛也和西乡一样，在工作中总是"向现场要答案"。他还如此说道："答案往往在现场。但要获得它，就必须拥有不亚于任何人的工作热情和执着精神。而在行动上则应该认真客观地观察现场，要目不转睛、侧耳倾听、全心投入。只有这么做，我们才能听到'产品倾诉的声音'，从而找到解决对策。"

名言精华集萃

工作现场，神灵在上。

——稻盛和夫

丈夫玉碎愧砖全。

——西乡隆盛

有错则改莫懊悔 重拾勇气再前行

以"为社会、为世人做贡献"的理念而行动的人，必会遭遇失败、犯下错误。只要行动，必有结果，而这结果并不会百分百尽如人意。但犯错也好，失败也好，都可谓鲜活的教训，能够指引人找到正确的方向。

孔子曰："过而不改，是谓过矣。"西乡是行动派、实践派，因此也犯过不少错误。但他正直且真诚，能够有错必改。他曾说道："改过时，知己之误，即善也。其事可弃而不顾，即踏一步。思悔过，患得失，欲补缮，同碎茶碗集其片者，于事无补也。"

事业也好，人生也罢，若想不断进步，关键要以"试错"的方式，通过持续改进，一步步迈向成功。西乡所尊敬的岛津齐彬亦是如此，对于萨摩藩的工匠们，他曾如此激励道："反射炉者，日本不曾有之。佐贺人继制之，锲而不舍，乃至十八余回，遂成，得以制大炮也。吾等以雏形为鉴，仅加以数次试验，固不能成也。若试验数十回，积改良之劳，则必成也。西洋人者，佐贺人者，萨摩人者，皆人也。故尔等应努力不怠，勤于研究也。"

对于齐彬的这番话，《萨摩的奇迹》一书点评道："乃至当代，人们依然对其（齐彬的这段语录）予以颇高的评价，因为其阐明了人类在科学研究活动中不可或缺的品质，即不屈和忍耐。"可见，一个人是否能够获得成长和进步，取决于其面对错误时的态度。

对于西乡有关"反省和改错"的教诲，稻盛和夫这样理解道："要鼓起勇气，承认自己的错误并改之。'是我的错，对不起！'这样爽快地反省后，要注意不再犯，然后继续前行。假如一直懊悔自己已经犯下的错误，则有百害而无一利。西乡说过，人必须向前看、往前走。"

稻盛曾介绍过他自己每天在实行的一种反省方法，其已成为他的日常习惯。

我有个习惯，每天早上在盥洗室的镜子前一站，前一天发生的所有事情就会像走马灯一样在我脑中重播。一旦发现自己前一天说了自以为是或自鸣得意的话，就会立刻陷入强烈的自我厌恶之中，进而感到羞愧，不知不觉地大声喊出："神啊！对不起！"

我有时也会喊："母亲！对不起！"有时还会喊："神啊！谢谢！"因为觉得是神让我察觉到自己的错误，

所以心怀感激。像这样，我时不时会大喊："神啊！"这样的习惯已经持续了 30 年左右。不知何时起，只要我在家中的盥洗室，老婆孩子就不敢进来了。

这大概可谓是我的"私房反省法"吧。因为实在没有时间去懊悔和苦恼，所以就干脆大声一吐为快，反省完后，谨记于心，继续前行。久而久之，这成了我自然的习惯。

此外，稻盛还坚持"六项精进"：

①付出不亚于任何人的努力；
②谦虚戒骄；
③天天反省；
④活着就要感谢；
⑤积善行、思利他；
⑥不要有感性的烦恼。

上面的第六项讲的便是面对错误时应有的态度，其与西乡的教诲如出一辙。

名言精华集萃

　　懊恼费神，进而挫伤志气，实在毫无意义。对于人生和事业中的困难和问题，如果以情用事，被感性的烦恼所困，则无任何积极的现实作用。越是遭遇困苦，越要理性面对。

——稻盛和夫

　　改过时，知己之误，即善也。其事可弃而不顾，即踏一步。

——西乡隆盛

第四章

理想的领导

敬天爱人

立志成为无私之人

纵观历史，有个现象显而易见：越是为社会做出大贡献、成就大事业的人，其私心就越少。而在幕末维新时期，拥有无私之心的领导辈出，实为当时日本之大幸。其代表人物包括吉田松阴、岛津齐彬、西乡隆盛和大久保利通等。尤其是西乡隆盛，如果说他是个毫无私心的人，恐怕没人会有异议。

西乡曾说道："立庙堂为大政，乃行天道，不可些许挟私。秉公平，踏正道，广选贤人，举能者执政柄，即天意也。是故，确乎贤能者，即让己职。"这段话是《西乡南洲遗训》的起头。可见西乡对"无私之心"的重视。前面提到，西乡十分尊敬岛津齐彬，视其为"天上的旭日"。而齐彬的信条是"思无邪"。这三个字出自《论语》。意指领导应具备不留私心、贯彻正道的品格。

久光是齐彬同父异母的弟弟，由于"久光拥立派"（又称御由良派或保守派）的反对，齐彬在43岁才坐上藩主之位。在其成为藩主前，曾发生过名为"由良骚动"的政治悲剧：拥立齐彬的正义派（又称御为派）遭到久光拥立派的残酷打压。

等到齐彬当上藩主，当时诸如西乡和大久保等正义派年轻志士自然期待他实行"大清洗"，放逐保守派，扶正正义派。但齐彬认为施政不可存私心，并公平处理了这一问题。不仅如此，当他病倒且自知时日无多时，他招久光至身边，嘱托后事。当时，他对久光说道："吾之世子哲丸尚幼，故立尔之长子为藩主，哲丸为尔之养子。二人皆由尔顾之护之。"

再来看西乡的盟友大久保利通。在西乡政治生涯末期，大久保与其在对韩政策上发生激烈对立，最终在西南战争中将西乡逼至死地。因此与西乡的"国民英雄"形象相对，不少日本人对大久保就没什么好感。这完全可以理解。就连福泽谕吉也在著书中多次隐晦地批判大久保。包括《福翁自传》评价大久保在处理"生麦事件"时"匿于幕后""谨小慎微"，在《明治十年丁丑公论》中批评大久保对西乡的所作所为。后者写于"西南战争"发生后，但在1901年（明治三十四年）才发表。

但如果站在大久保当时的立场和使命上看问题，就能发现其实他也在以自己的方式贯彻"私心皆无"的信条。西乡追求理想的政治，为此抛弃一切私心。而大久保则为了现实的政治运营而做出了最合理的抉择，其中亦未掺杂私心。正因为如此，当他与其视为兄长的西乡发生冲突时，也毫不妥协。

池边三山是明治时期有名的记者。他写的《大久保利通论》受到大文豪夏目漱石的好评，二人亦是挚友。夏目赞叹道：

"（该文章）甚为有趣。"后来，等到文章成书时，夏目还为该书写了序。至于二人的初次见面，夏目也在序中做了叙述。由于池边就职于朝日新闻，而当时夏目漱石正要成为朝日新闻的专栏作家，因此两人约好见面。对此，夏目在序中写道："今日与池边首次会面，两人一见，我心中的不安便烟消云散。犹如见到西乡隆盛一般。""（池边）的脸庞、双手、肩膀……皆粗大魁梧。"通过这些描述，可以窥见夏目对西乡的崇敬，以及池边三山所具备的坚实品格。

其实这有迹可循，因为池边三山的父亲池边吉十郎是被誉为"肥厚西乡"的人物。1877 年（明治十年），他率领熊本队，与西乡军并肩战斗，战后被政府处死。从这层关系来说，大久保可谓三山的"杀父仇人"。但对大久保，池边三山却给予了高度评价："尊王，攘夷，开国进取，迁都，废藩置县，洋为日用，纵观此类政策，皆非大久保自身原创。然其审时度势，鉴彼时之交友关系、藩公势力，以深思熟虑，得最善之策，且坚守践行之。其执着信念，实为强大。人们常言，不变之主义及方针乃政治家之生命。但大久保虽无不变之主义或方针，但并未有不便，反而因势利导，可谓将帅之才，胜于政客，乃至帝王之道。故其才德，可谓过盈。其始终不为私情私见所累，以最善之策行事。"

一直研究大久保利通的佐佐木克也撰文阐述道："大久保从不将私情夹杂于政治中。一旦认定（这么做）对国家有利，便坚定不移地执行。三条实美和岩仓具视也评价大久保'不为私情利害所动或妥协''实为可信赖之人物也''可托付其国家大事'。"

前面提到，稻盛和夫从小敬爱西乡隆盛。而在他35岁后头一次读到西乡《南洲遗训》的第1则时，他感到"从头到脚的震撼"，觉得西乡似乎在背后推动他前行。对此，他曾说道："居于上位者，不可有半点私心。换言之，从原则上讲，领导不可以站在'自己'或'个人'的立场。一旦私心抬头，则组织遭殃。要当领导，就必须常常牵挂社会利益，且不惜自我牺牲。通过西乡的教诲，我愈发确信这点，因此再也没有丝毫迷惘，把自己的全部人生投入企业经营。"

稻盛的这段心路历程正好发生在京瓷成功上市后，当时他烦恼颇多。而在领悟到西乡的教诲后，对于公司继承者的问题，他也遵循西乡"除私心，循公平，走正道"的原则，在心中坚定起誓：决不把公司传给自己的子女。

此外，如前文所述，稻盛与西乡性格相仿，都是十足的性情中人。因此稻盛也学习大久保利通"不为私情利害所动或妥协"的作风，不断自诚自省，且努力将其应用于企业经营中。

名言精华集萃

　　要想真正打动人，唯有公平无私。所谓无私，是指没有贪图自身利益之心，以及不基于个人喜好和感情做出判断。

——稻盛和夫

　　立庙堂为大政，乃行天道，不可些许挟私。

——西乡隆盛

如何选拔领导

西乡隆盛为何如此受人追随？论他的领导才能，纵观日本史，乃至世界史，其都是值得大书特书的人物。打破幕府的封建制度也好，实施废藩置县和武士废刀令也好，面对其倡议者西乡，作为统治阶级的武士们态度出奇一致：西乡先生既出此言，则吾等遵之。

但西乡的这种才能和威信也并非与生俱来。当然，在下治屋町内指导后辈时，他和大久保利通便已经显现出了一定的领导才能，但町内总共不过 70 户人家，且西乡当时在藩内的身份也较卑微。

不管拥有多么优秀的资质，都需要有一位居于上位的"伯乐"予以赏识和栽培。而岛津齐彬不愧为英明无私之君主，他察觉到了西乡的资质，进而将其提拔。齐彬为何会提拔西乡呢？如果用一句话概括，可以说"齐彬知道西乡的格局"，这里的"格局"指的是"大德之心"。

就如后来人们给予西乡的评价：仁者、诚者、无私之人、敬天爱人者……其身上拥有成为道德楷模的潜质。而齐彬是被誉为"才智如神，度量如海"的明君，自然不可能看走眼。而西乡被收入齐彬的麾下后，耳濡目染，一直在学习齐彬的处事才智和公平无私的作风。

内村鉴三在其著作《代表的日本人》中则提到，除了岛津齐彬外，西乡还受到藤田东湖的深刻影响。

（西乡隆盛）所受最为重要、最为巨大的精神感化，则来自当时的时代领军人物，即被誉为"大和魂之典范"的藤田东湖。如果说国家有灵魂，那他可谓日本的化身。其坚毅威严的容貌棱角分明，犹如富士火山；其性格正直诚实，清澈纯净。他热爱正义，憎恶西方列强的野蛮行为。因此受到众多年轻人的追随。藤田身居水户，与西乡相隔甚远，但西乡久仰其大名。于是在和藩主逗留江户时，西乡抓住机会，去见了藤田。结果二人一见如故、志趣相投，立马确定了师徒关系。

对此，藤田说道："能继承吾心中之志于后世者，唯此少年耳！"西乡则说道："天下之内，吾所敬畏者无他，唯东湖先生也。"

可惜的是，尚未实现志向的藤田东湖死于江户大地震。而具备德行与仁爱的西乡隆盛则继承了其遗志，并逐步予以实现。

憧憬西洋文明的岛津齐彬，厌恶西洋文明的藤田东湖，从这两位截然不同的导师身上，西乡学习和吸收到了许多东西。由此可见，真正的领导应该具备仁义道德和进取之心，能够真诚谦虚地吸收他人身上的优点。

而在选拔领导时，"如何对待有功之人"可谓难中之难。原因很简单：没有"功臣"相助，就没有当下的成就。对此，西乡告诫道："于国有勋然不堪任者而赏其官职，乃不善之最也。适者授官，功者赏禄，方惜才也。"换言之，对于有功者，应以赏金来褒奖；至于领导，则必须让真正合适的人来当。

至于能够胜任领导的条件，如前面所述，首先必须无私，即具备"大德"之人。这份无私的品德中还包括博爱和体恤，或者说"仁心"。如果用四个字概括，那就是西乡提倡的"敬天爱人"。其次是上进心，能够真诚虚心地向他人（包括下属）学习。最后是敢于贯彻正义，甚至不惜牺牲自我。西乡便是这方面的楷模。

对此，稻盛和夫说道："领导必须具备牺牲自我的勇气。一个组织，一个集团，要想达成目标，就必须投入相应的能量。所谓没有付出就没有回报，这'能量'即必须付出的代价。而身为领导，则应率先垂范，付出代价。如果领导能展现出不惜牺牲自我的勇气，就能取得下属的信赖，鼓舞下属的士气。"

前面还提到了"敢于贯彻正义的勇气"。对此，稻盛曾说：

"领导切不可卑怯。"他还进一步阐释道："如果领导行事卑怯，对于组织内的违规违纪行为睁一只眼闭一只眼，则会导致组织混乱。不仅如此，下属也会丧失对领导的信赖和尊敬，导致整个职场充斥欺瞒，道德低下。"

西乡反复研读的《言志四录》中，也写有类似的教诲："居暗处者，可见明处。居明处者，难见暗处。"这句话的意思是：下属能清楚地看到领导的一举一动，但领导却看不到下属的一举一动。换言之，领导的一言一行，不管是好的还是坏的，在下属的眼中皆无所遁形。因此在选拔领导时，对于上述事项应格外注意。

名言精华集萃

领导无私，则下属追随。反之，如果领导只顾自己、
显现私欲，则下属会心生厌恶，必难真心追随。

——稻盛和夫

于国有勋然不堪任者而赏其官职，乃不善之最也。

——西乡隆盛

因材予位

　　前面阐述了领导应具备的资质以及选拔领导的方式，接下来讲领导必须做到的头等大事，即"因材予位"的用人原则，即把具备相应才能的人分配到相应岗位。

　　当然，人会成长，其才能也随之不断提升，但对于还未成长到位的人，领导也应该给予其与自身水平相符的职务或岗位，使其充分发挥作用，否则组织就无法变得强大。

　　西乡曾说道："用才，苟辨君子小人太过，反生害也。乃因自天地开辟始，世十之七八皆小人。善察小人之情，取其长用以小职，尽其才艺也。"对此，西乡还从他的二位导师那里获得了心得。其中之一便是前面提到的藤田东湖，藤田曾教诲西乡："小人具才艺者用，且必用也。然居长官授重职，必覆邦家，故决不立于上。"

　　所谓小人，是指执着于眼前私欲之人；所谓君子，是指修德行、减私欲，为社会奉献的道德楷模。而后者才能胜任领导。倘若让利欲熏心的小人当领导，则组织必会颠覆破灭，因此万万不可，但小人有小人的才能和技能，应该加以利用。这便是藤田的用人理念。

而西乡所尊敬的另一位导师，岛津齐彬则以"酒品低下之人"为例，对用人之道做了如下阐述："能工巧匠中，亦有酒品低劣之人。位尊者中，亦有酒品低劣之人。然凡人者，皆有一技一能。譬精制琉璃者，其技之长，可补其酒品恶劣之短也。若咎其短而弃其长，甚惜也。而若闻其理由，予以劝谏，或能使其改之。故以一技一能奉公于政事差事者，应重其技能。居上位者，若无上述之心得，则政事恐不顺也。"

可见，岛津虽然对酒品低劣嗤之以鼻，但如果想活用人才、用好人才、提升国力，就不能抓住一个人的缺点不放。而应该发现其长处，赋予其相应的职务或岗位，进而对其进行教育，逐步纠正其缺点。通过该理念，也能看出齐彬的宽广胸怀和强烈使命感。

在用人方面，稻盛和夫亦赞叹西乡对于"天地真理"和"人性微妙"的精通，并说道："我认为，构筑组织好比修筑城池。要想修筑完美的城池，必须先建造坚固的石墙。然而，石墙并非仅由巨石，也就是优秀人才构成。巨石与巨石之间必须填埋小石块。每个险要之处，若没有巨石与巨石之间填埋的小石块，那石墙必然脆弱不堪，一触即溃。换言之，应大胆采用如巨石般杰出而能立功之人。另外，长久以来为公司献身尽力的人，如同填埋于巨石与巨石之间的珍贵石块一样，也应发挥其作用，绝不能弃之不顾。所以只有留下这些默默无闻、埋头苦干的老员工，公司才能变得更强大。"

由此可见，西乡隆盛，岛津齐彬，稻盛和夫，他们三人皆可谓"领导中的领导"。

名言精华集萃

人皆有长处短处。应不断观察其不足和欠缺之处，并予以补足。或使其自身弥补，或加派人员，予以补足。此外，应切记指出其缺点，并促其锻炼成长。

——稻盛和夫

世十之七八皆小人。善察小人之情，取其长用以小职，尽其才艺也。

——西乡隆盛

率先垂范

前面讲过，西乡隆盛和大久保利通都是无私之人，且都具备身为领导的优秀资质。但二者之中，人望更高的还是西乡。人们追随或服从于西乡，缘于其人格魅力。而大久保则靠强力的领导手腕、冷静机敏的思辨力，以及不屈不挠的精神，使得人们臣服。西乡不惜牺牲自我，总是站在第一线。他不惜命，不求名，不贪钱财和地位，且最为憎恶骄奢淫逸的生活方式。这种率先垂范的品格，便是人们仰慕他、追随他、服从于他的原因。此外，西乡还拥有体恤之心和博爱之心，这更加提升了他的人格魅力。

参加西南战争且战死沙场的大分中津藩士增田宋太郎留下了评价西乡的遗言，从中亦可见西乡人望之高。宋太郎说道："吾至此，初遇西乡先生，甚亲也。接其一日，则生一日之爱。接其三日，则生三日之爱。此爱逐日倍增，不曾消也。安危无关，今唯与先生共生死耳！"

这位增田宋太郎，其实是福泽谕吉的表弟，比福泽谕吉小十三四岁。据《福翁自传》介绍，二人老家相隔很近，且曾甚为交好。但宋太郎后来成为优秀的武士，受水户学影响，推崇尊王攘夷，以至于打算暗杀推崇西学的福泽谕吉。但在实施暗杀计划当晚，由于福泽与宾客豪饮至天明，宋太郎错失了下手的机会。

但如果宋太郎一心想杀掉福泽，则后面机会有的是。他之所以作罢，其原因或许与坂本龙马试图暗杀胜海舟（一说是打算与胜海舟议论）的情况如出一辙。坂本一见胜海舟，便心生敬仰之情，反而成了胜海舟的弟子。而在福泽的文章中，也能感受到其对宋太郎的感情。

总之，理想的领导可分两种。一种是像西乡那样的"率先垂范型"，另一种是像大久保那样的"战略战术型"。前者在前领头冲锋，后者在后运筹指示。

前面提到过，福泽谕吉在《福翁自传》中，以稍带讽刺的口吻说明了大久保属于后一种领导类型。他写道："其时，背后黑幕之大久保委命清水卯三，令其与在横滨之大英公使约翰·尼尔交涉，求其延引战时。""其后，观谈判席，概不见大久保其人。"

以上是福泽对大久保处理萨英战争后续问题的描写。假如大久保亲自前去交涉，对于后来"萨摩按英方要求支付赔偿金"的结果，尊王攘夷派势必会将矛头对准大久保，甚至威胁他的人身安全。而这场萨英战争所造成的"现实困难"，则成了西乡从冲永良部岛被召回藩内的契机。当时藩内对西乡的呼声很高，大家都认为只有他能发挥领导作用，带头化解这场危机。

而大久保静观局势，也认为唯有依靠西乡的力量。他把自己置于后方，负责处理西乡委托的具体事务。

前面提到的大记者池边三山则对大久保此举评价道："（当时）事已至此，大久保不得不信赖西乡之力。于是运筹帷幄，欲救西乡出远岛。时为文久末期，依大久保之见，尚无亲自举兵行暴力革命之必要，然已有欲付诸行动之他者。譬如长州人，后至元治元年，其行对外攘夷、对内革命之策。其时，自拥兵力已成必需之条件。然大久保自无兵力，而西乡军中威信甚高。若不救西乡于远岛，推举其居上位，则大久保坐立难安。此时，二人可谓优势互补，强强联合。"

池边把西乡描述为"坐拥武装的力量""掌控兵力的领导"，但不管是禁门之变还是戊辰战争，西乡都是靠自己率先垂范的作风感染了主要由下级武士构成的部队。因此士兵们尊敬他、服从他。西乡只精通农政实务，后来在藩主岛津齐彬身边负责谈判，并非大村益次郎那样的军事专家。但凡是见过西乡的人，往往都会被他的人格魅力感染。

此外，虽然池边认为大久保为了救西乡于冲永良部岛而运筹帷幄，但事实并非如此。大久保察觉到岛津久光讨厌西乡后，便不采取任何帮助西乡的积极行动。

话说，萨英战争于 1863 年 7 月 2 日爆发，但西乡直到第二年 2 月 28 日才从冲永良部岛被召回萨摩。两周后，他进京赴任小纳户役，这是负责管理藩军军赋的官职。这样一来，西乡实质上成了左右京都政局的关键人物。他当时所处的形势十分艰难。一方面，岛津久光和大久保利通的"公武合体策"遭遇挫折；另一方面，尊皇派对萨摩缺乏好感。于是他只得不断修正政策，并努力修复与长州藩方面的关系。

在此过程中，一个巨大冲突爆发：长州的尊王攘夷派集结藩内武装，为了向朝廷"兵谏"，决定强行驱逐保卫幕府及京都的会津军（包括与会津联手的萨摩军）。

对此，幕府于 1864 年 6 月 22 日命令萨摩方面出兵。萨摩藩内意见不一，而西乡则力排众议，主张"此战乃长州与会津之私斗，吾等师出无名，故应按兵不动"。西乡的这一决断具有历史意义，因为这表明其已拒绝向幕府将军表忠。但他同时又表示，假如朝廷有恙，则必举兵守护。

这场战争最终以长州军的败北而告终。对于此战，其实萨摩方面并非"零参与"。由于萨摩军担任"朝廷警卫"之职，因此不得不加入战团。当时由西乡在阵前指挥，萨摩军在此战中显示出了鹤立鸡群的强大实力。在作战过程中，身先士卒的西乡腿部中弹，从马上摔了下来。但其英勇表现使西乡的大名传遍全日本。

战后，西乡写信给他在冲永良部岛时遇到的救命恩人土持政照，信中写道："去年夏，吾参京都之大合战，负铁炮之疮少许。幸其疮浅，无大碍。如君所知，吾素好战事，然此次亲自身处战场，已不愿二度为之矣。战者，实乃难事也……吾平日之言与战场之行毫无二致，唯此不须忧……"

而对于领导应具备的品格，西乡如此说道："位万民之上者，慎己，正品行，戒骄奢，勉节俭，勤职务，为人民之楷模。下民若不怜其辛劳，则政令难行。"

对此，稻盛和夫解说道："西乡曾说'居上位者应率先垂范'。经常有人说，经营者应该以自身行动来教育员工。换言之，居上位者切不可心存迷惘、卑怯或怠惰之念。而应端正自身行为，戒奢戒躁，成为员工的楷模。关键要亲自拼命努力投入工作，让员工心生怜悯和同情。只有做到这点，领导下达的指示才能落实到位，公司才能顺利运作。"

在阵前亲自指挥的领导，在后方运筹战略的领导，哪种领导才是正确的？稻盛在思考这个问题时，回想起小时候看过的讲述大山岩元帅的伟人传记，大山岩是西乡的表弟，传记中有这么一个故事。大山在担任战争的总司令官时，为了争夺203高地，日俄两军展开激战，日军大量战死及负伤，而大山则坐镇在远离203高地的后方。一天早上，他听到远处的炮声，便问部下："今天是哪里在打仗呢？"

书中对此大加称赞，认为这体现了大山的豪胆和魄力，但当时年纪尚小的稻盛却心生异议，甚至认为大山的做法"岂有此理"。他无法理解大山为何不亲临前线，为何不用自己的眼睛去确认战况，为何不根据第一手资料来制定作战计划。

稻盛小时候的这种质疑其实颇为有趣，从中可窥见其人格与性格特征。几乎所有介绍大山岩的书都对他的领导风格予以正面评价，说大山其实对一切都了如指掌，但为了让部下在执行任务时不受束缚，他故意装作一无所知，因此可谓虚怀若谷。但少年时的稻盛已懂得独立思考，一旦觉得与理相悖，便绝不苟同。他日后成功研发出新技术，并将一家城镇小厂发展为世界知名的大企业。这成就如同奇迹，但从他上述骨子里的特质来看，其实可见端倪。

所以，稻盛坚持认为"领导必须冲在第一线"。这与西乡主张的"率先垂范"如出一辙。稻盛还说道："身为企业领导，当然也需要制定战略战术，所以我觉得必须二者兼顾：有时要亲临现场，与一线员工同甘共苦；有时要坐镇后方，运筹帷幄。在我看来，这种不断来回于前线和后方的指挥官，才是称职的优秀领导。"

西乡曾说，如果领导不付出超出旁人的努力，下属就不会因为怜悯领导的辛劳而一同奋斗，组织也就难以顺利发展壮大。换言之，领导不能光讲大道理，而应亲临第一线，取得员工们的由衷信赖。要想树立威信，实践西乡的这段教诲是关键。

名言精华集萃

我认为，所谓才能，其实是上天以一定比例赐予人类的资质，其目的是给众生带来幸福。所以说，有幸拥有某种才能的人，应将其服务于世人、社会和集体，而不应用来满足私欲。

——稻盛和夫

位万民之上者，慎己，正品行，戒骄奢，勉节俭，勤职务，为人民之楷模。下民若不怜其辛劳，则政令难行。

——西乡隆盛

资产和财富只是"暂为保管"

前面考察了稻盛和夫与西乡隆盛的诸多共同点，而更令人惊讶的是，对于如何看待资产和财富，二人亦英雄所见略同。对他俩而言，假如想拼命增加个人资产和财富，那简直易如反掌，但他们都没有这么做。是因为他们认为"所谓资产和财富，只是上天（或者说社会）让自己暂为保管的东西"。

西乡那篇广为流传的七言绝句"几历辛酸志始坚，丈夫玉碎愧砖全"的后两句"一家遗事人知否，不为儿孙买美田"说的便是这个道理。如果要考据的话，该七言绝句最初是西乡写给庄内藩家老菅实秀的。菅实秀与西乡一样，属下级武士出身，后被破格提拔为家老。他十分优秀，与长冈藩的河井继之助齐名。

前面提到，会津藩负责守卫京都，而负责守卫江户市的，便是庄内藩。再说到倒幕前的紧张局势。当时，以"萨长同盟"为核心的倒幕派坚持彻底推翻幕府，而幕府的德川庆喜派则试图在"大政奉还"后依然掌握政治主导权。二者剑拔弩张，互不相让。

　　而后来鸟羽·伏见之战的爆发，则彻底打破了上述微妙而紧张的势力构图。至此，倒幕战全面爆发。而引发鸟羽·伏见之战的导火索，则是西乡策划的"江户市骚乱"。为了清算"骚乱元凶"，以庄内藩为核心的幕府武装于 1867 年 12 月 25 日火烧萨摩藩官邸。此举鼓舞和刺激了在大阪城待命的幕府方面军，这支大约 1 万人的部队决定讨伐萨摩。这种狂热的主战气氛已经令德川庆喜无法控制，于是战争爆发。

　　在战争中，朝廷中央的官军接连平定以会津军为代表的"东北佐幕势力"，但庄内军则在菅实秀的指挥下顽强抵抗，给官军造成了较大打击。最终，庄内军败北投降。面对战败，庄内藩方面已经做好接受残酷惩罚的心理准备，可实际的惩罚不但不残酷，反而过于宽大。以庄内藩藩主酒井忠笃为例，当官军代表黑田清隆召见他时，他已做好了剖腹自杀的准备，可结果黑田不但免他死罪，还赐他上座，与他面谈，甚至还允许他带刀。而其家臣也只是受到了"限制外出，在家反省"的处罚。

　　面对如此宽大的处理，菅实秀向黑田清隆致谢，而黑田告诉他，这一切其实都是西乡隆盛的指示。西乡说："庄内藩乃幕府之谱代，为幕府战至最后一刻，不失为豪杰也。"

　　庄内藩对西乡感激涕零。1870 年（明治三年）10 月，藩主酒井忠笃亲自率领 70 名藩士，前往鹿儿岛学习兵学。之后，庄内藩的人也数次拜访西乡，听其教诲。

可西南战争爆发后，西乡被中央政府定性为"国贼"，敬仰他的庄内藩也陷入了不利的境地。幸亏明治天皇对西乡心存谢意，终于在1889年（明治二十二年）颁布宪法时除去了西乡的"国贼"污名，还追封其爵位。

于是菅实秀命令赤泽经言等人担任主笔，召集庄内藩中听过西乡教诲的人，将他们的回忆记录下来，最终整理编写出了《南洲翁遗训》，它可谓西乡版的《论语》。菅实秀对西乡评价道："西乡隆盛者，人物也。信之学之，真乃解尧舜孔孟之道也。"可见其不愧为理想的道德典范。

而《论语》中亦云："生死有命，富贵在天。"这与西乡的"不为儿孙买美田"主旨相通。就如菅实秀所言，西乡是一生贯彻《论语》教诲的典范，是众人的榜样。正可谓"仁德之人"。他不贪图金钱和地位，一心为社会、为世人做贡献。

而在《南洲遗训》中，亦有以下教诲："从翁驱犬逐兔，跋涉山谷，终日狩猎。暮，投宿田家。浴毕，心旷神怡，悠然曰：'君子之心常如斯也。'"

在《论语》中，有一处较为独特的内容，其因篇幅最长而为人知，讲的是孔子让各弟子说出自己的梦想和人生目标，然后孔子予以点评。不少弟子都讲了自己在从政和功名方面的抱负。唯有曾晳的回答别具一格，他说道："莫春者，春服既成，冠者五六人，童子六七人，浴乎沂，风乎舞雩，咏而归。"这段话的意思是"暮春三月，新缝的单夹衣上了身，约着五六个成年人六七个青少年，结队往沂水边，盥洗面手，一路吟风披凉，直到舞雩台下，歌咏一番，然后取道回家"。孔子听后深深喟叹："吾与点（曾皙）也。"换言之，孔子也想与他同去。

孔子追求政治理想，修得了被世人誉为圣贤的德行，且饱尝人生的辛酸。他对财产和地位毫无执念，以贯彻正确的人生之道为先。如果将孔子与西乡的活法和人格做比较，其重合之处甚多。

而稻盛和夫亦是如此，他悟到"财产不属于自己，只是替社会代为保管而已"。而促其开悟的契机在1981年（昭和五十六年），当时他获得了"伴纪念奖"。当时已经成为企业家的他，在"为社会、为世人做贡献"的人生观的指引下，认为自己到了反哺社会的时候。于是他创立了稻盛财团和"京都奖"，其基金源于他当时持有的京瓷股份和200亿日元现金（大约相当于现在的640亿日元）。京都奖的奖项分为三大领域：尖端技术、基础科学和人文艺术科学（如今改称为思想艺术）。

对于拥有获奖资格者的特质，稻盛阐述道："（获奖者）必须谦虚不骄，付出倍于常人的努力，精益求精，懂得审视自我，对天地道义怀敬畏之心，并且在世界文明、科学或精神领域做出巨大贡献。"

此外，在后代问题上，稻盛不但抛弃私心，不为子孙聚财，哪怕在挑选企业接班人时，也拒绝世袭制。对此，他曾说道："我膝下只有3个女儿，没有儿子，这让我免于陷入让后代世袭的诱惑，算是幸事。但即便有儿子也好，有女婿也好，各自灵魂各自修，并不可混为一谈。我经历过战后的困难时期，承受过考试落榜的打击。毕业后进入企业就职，后来幸遇贵人，辞职创业。我废寝忘食，饱尝辛酸，辛勤努力，终于将公司发展壮大。而我的后代丝毫没有上述经历，倘若仅仅因为疼爱她们或执着于创始人的地位而走上世袭之路，则一切都不会顺利。"

在稻盛看来，一个人的才能，其实是上天赋予其造福大众的使命。因此，才能必须为社会和世人所用，而对于通过才能而创造和积累的资产财富，最终应将其归还社会。该理念与孔子和西乡的想法如出一辙。这也正是"敬天爱人"的活法。

名言精华集萃

对于京都奖的理念，我颇为自豪。此奖不但旨在表彰获奖者的伟大成就，更着眼于其人格品质。

——稻盛和夫

一家遗事人知否，不为儿孙买美田。

——西乡隆盛

为政者及官吏应有的品格

西乡隆盛属武士阶级，因此其工作性质算是官差。自 18 岁当上郡方书役后，在获得岛津齐彬提拔前，这个差事一干就是10 年。前面讲过，郡方书役是下级官吏，其职责是监视农村年贡税金的上缴情况。由于要和各种官吏打交道，因此他深知官吏们的性格特点。而在成为齐彬身旁的得力助手后，他又获得了与为政者频繁交流的机会。这使他经常深思政治家和官僚们的人性弱点，并琢磨何为称职的为政者及官吏。

在西乡看来，可以用一个字来概括称职的为政者及官吏，那就是"仁"。所谓"仁"，即"施仁政"。换言之，只有把国民的利益放在首位，努力倾听国民的心声，并对应采纳的意见毫不犹豫地实行，这才算是好官。对此，他阐述道："自古，君臣皆以己为足者，非治功之世。知己不足，则下言入耳也。己足，人言己非即怒，故贤人君子不助之。"

但在现实中，不少官吏都以自身或为政者的利益为中心。西乡不但批评这种官吏，还以实际行动与其做斗争。在被流放至奄美大岛和冲永良部岛期间，他为了当地岛民而勇敢"出头"的事迹被传为佳话。对于当地官吏征收苛捐杂税的行为，他曾警告道："试观古今之事，道不明之世，苦财用不足之时，必用曲知小慧之俗吏，巧聚敛，以解一时之欠乏，俨然擅理财之良臣，以手段苛酷虐民，国民不堪其苦，欲避聚敛，自趋谲诈狡猾。上下互欺，官民敌仇，终至分崩离析乎。"

而在《论语》中，亦有对税制的论述。齐彬十分重视这段箴言，号召人们要尊重它、领会它。自不必说，西乡对它也是万分赞同。现引用原文如下：

> 哀公问于有若曰："年饥，用不足，如之何？"有若对曰："盍彻乎？"曰："二，吾犹不足，如之何其彻也？"对曰："百姓足，君孰与不足？百姓不足，君孰与足？"

这段话的意思是，鲁哀公问有若说："遭了饥荒，国家用度困难，怎么办？"有若回答说："为什么不实行彻法，只抽十分之一的田税呢？"哀公说："现在抽十分之二我还不够，怎么能实行彻法呢？"有若说："如果百姓的用度够，您怎么会不够呢？如果百姓的用度不够，您又怎么会够呢？"

稻盛和夫亦有类似观点，他曾说："国家公务员的服务对象不是国家，而应该是国民。行政官在制定和施行法案及制度时，必须把'是否利于国民'视为工作中的唯一判断基准。"

稻盛亲自担任过"行革审"(第三次临时行政改革推进审议会)的"国际问题部"的会长,因此对日本的官僚体系有所了解,他曾说道:"日本的官僚非常自负,他们似乎认为自己是国家的脊梁,是最为国家殚精竭虑的人才。因此他们无法容忍老百姓对他们的政策指指点点。这样一来,日本就不是单纯的中央集权国家,而形成了'一切以官为重'的行政体系。换言之,这是一种'官主主义'。这与欧美的民主主义背道而驰,宪法中的'主权在民'又从何体现?"

而早在明治时代,福泽谕吉便在其著作《劝学篇》中指出了日本官僚的问题。他认为,要想改变现状,日本国民必须从自身做起,努力改变自己的风气及精神特质,培养自主独立的性格和思维方式。其内容颇值得参考,现摘录如下:

> (日本的官僚们)个体为智者,在政府中却成愚者。个体为优秀人物,在组织中却成昏聩之人。换言之,政府者,可谓智者聚集而共施愚政之所。甚为可笑。
>
> 如前述,根结在于风气。人受制于风气,遂无法发挥自身真正之力。明治维新以来,政府致力推进学术、法律、经济、经营等领域之发展,却难见起效。究其原因,便在于风气。

如上所述，福泽认为，只有国民先改变观念、提高素养、发展经济，使民间风气改善，官场风气才能有所转变。而对于实业家应具备的特质，福泽有一段名言，列出了四条特质。稻盛一直将其铭记于心。该名言如下："思想深远如哲学家，心术高尚正直比元禄武士，加上小俗吏的才干，再添上土百姓的身体，方能成实业界之俊杰。"换言之，要想成就一番事业，须做到以下四条：

①必须具备哲学家一般的深远思想；

②必须具备元禄武士一般的高尚品格；

③必须具备小俗吏一般的狡黠头脑；

④必须具备农民一般的顽强意志。

对于此名言，稻盛还感叹道："其内容当然令人醍醐灌顶，而四条的罗列顺序更是让我叹服。福泽谕吉把哲学家般的深远思想放在首位，把意志品格放在第二，把才能放在第三，最后是努力奋斗的精神。他不愧为伟人。"为政者和官吏执政为民，国民和实业家独立自主。哪怕到了现在，这样的风气依然十分必要。

名言精华集萃

自不必说，为国民谋幸福，建立百姓宜居的国家是行政制度及官僚机构存在的意义。在当今时代，我希望执政者和官吏能够回归原点、不忘初心。

——稻盛和夫

自古，君臣皆以己为足者，非治功之世。

——西乡隆盛

第五章

理想的活法

敬天爱人

活着的意义

我们每个人活着的意义和目的是什么呢？对此，西乡隆盛又怎么看呢？他曾辅佐岛津齐彬而为国事奔走；齐彬死后，又与僧人月照一同投水自杀而未遂；之后又隐居奄美大岛；被召回萨摩后，却因得罪岛津久光而被发配至冲永良部岛。在这些不同的人生阶段中，他所悟到的人生意义也有所不同。

一开始他只是一心为了齐彬和萨摩藩，把为萨摩藩以及全日本做贡献视为人生的全部。而在齐彬去世后，由于他与继任藩主的岛津久光理念不合，被流放至远岛，其严酷的牢狱生活堪比死刑，可他却坐禅、思考、研读古典书，逐渐悟到了人生的真正意义。

在经历数次大起大落和命悬一线后，他觉得自己接下来应该进一步顺应天道，为社会和世人鞠躬尽瘁。于是下定决心，将其作为人生准则。他在冲永良部岛服刑时所作的《狱中有感》一诗广为流传，其文如下：

朝蒙恩遇夕焚坑，

人生浮沉似晦明。

纵不回光葵向日，

若无开运意推诚。

洛阳知己皆为鬼，

南屿俘囚独窃生。

生死何疑天赋与，

愿留魂魄护皇城。

　　这首诗的意思如下。早上还以为自己受到恩遇，结果傍晚便遭责罚并入狱。人生的起起落落，正如白昼和黑夜般交替。即便天阴无光，向日葵（世道）依然会面朝太阳。不管今后的人生是否能时来运转，我的赤诚之心绝不改变。呜呼！皇都的知己好友都牺牲了。只有沦为南岛囚人的我独活于世。所谓生死有命，其理真实不虚。哪怕我死了，我的灵魂也一定要留在天地间，守护皇城和全日本。

　　这首诗是西乡的心声吐露，实属佳作。对于自己的人生，西乡一直抱有"顺应天道"的强烈意识。再加上他原本就清心寡欲，所以随着人生阅历的增加，他的私心越来越少，为社会、为世人做贡献的意识越来越强。就如上述诗句所言，他当时已不局限于幕府或藩主，而是把天皇和日本民众作为奉献的对象，甘愿为他们磨砺灵魂、鞠躬尽瘁。

前面提到多次，在被流放至冲永良部岛时，西乡反复研读
《言志四录》，且勤做笔记，总共摘录了 101 条。而其中的第 1
条至第 4 条十分值得一读，从中或许可以窥见西乡对"人生意
义"的考察历程。

第一，遇懒惰贪乐者，切不可误视其为坦荡豁达
之人；遇厉斥他人者，切不可误视其为正直无伪之人；
遇勤为私利者，切不可误视其为有志有为之人。

第二，名声高低、成功失败，在人生中犹如云雾，
让人心生阴霾、念起无明。若能拭去云雾，便能拨云
见日、晴空万里，无无明亦无无明尽。

第三，纵观中国之历史，论帝王楷模，莫过尧舜，
此二人皆通情理。若极言之，宇宙万物之所以为一体，
可谓此情传播之结果。

第四，遂成事之时，应怀奉天命之敬畏心，切不
可气傲自满、与人夸耀。

其中的第 4 条与《南洲遗训》中的第 25 则"不与人对，与
天对。与天相对，尽己责而勿咎人，寻己诚之不足"主旨相通。
此外，西乡还留下了许多关于人生和活法的醒世箴言。比如
"事无大小，踏正道推至诚""忠孝仁爱教化之道，乃政事之本，
亘万世通宇宙不易之要道也""道乃天地自然之道，故讲学之道，

在于敬天爱人，以克己修身为终始也"……而他最终将这些感悟总结和升华为"敬天爱人"，并将其作为自己的人生意义。

正如遗训第 24 则所言："道者，天地自然之物。人行道，是为敬天。天佑众生，故当爱人如爱己也。"换言之，人生在世，其意义在于为社会、为世人做贡献。敬畏天道，贯彻正确活法；磨砺灵魂，以遵循天道为人生之意义：这便是西乡提倡的"敬天爱人"。

那么，稻盛和夫又如何解读"人生的意义"呢？他认为其意义在于"提升心性，磨砺灵魂"。人皆有一死，而在稻盛看来，唯一不灭的是人的"灵魂"。因此当有人问"人来世间走一遭是为了什么"，他的回答如下：

> 为了在临终前能够毫无迷惘和愧疚，确定自己成了比出生时更好的人。换言之，不管程度如何，人在走完一生时，与出生时相比，自己的灵魂应有所升华，这便是人生的意义所在。
>
> 生于俗世，饱尝苦乐，被幸福与不幸的波涛翻弄，直到迎来死亡。在这一人生历程中，如果能够毫不懈怠地努力精进，其过程便如砂纸一般，不断打磨着我们的灵魂，使我们的人格得以提升，灵魂得以修养。等到离世时，能够拥有比出生时更高层次的灵魂。在我看来，所谓人活着的意义，除此之外，再无他。

　　换言之，在稻盛看来，"提升灵魂"是自然和宇宙赋予我们生命的唯一目的。他还说道：

　　　　因此，在该"重大目的"面前，此生所得的财产、名誉和地位等，皆为空相。不管多么出人头地，不管事业多么成功，哪怕拥有一辈子都花不完的财富，与"提升心性"的重要性相比，它们皆如微尘。

　　　　宇宙意志为人类所设定的最终目标只有一个，那就是磨炼心志。而宇宙所赋予我们的人生，便是考验我们、让我们修炼灵魂的道场。

　　西乡把宇宙和自然称为"天"。而通过比较二者对于"人生意义"的感悟，可以看出，他们都认为"人生在世，是为了提升心性、贡献世人、磨砺灵魂、开光于识"。而如果用一个词来概括，便还是"敬天爱人"。

名言精华集萃

所谓现世，即上天让我们提升心性的时间，让我们磨砺灵魂的道场。换言之，所谓人生的意义和价值，即提升心性、磨砺灵魂。

——稻盛和夫

天下后世信仰悦服者，惟真诚二字。

——西乡隆盛

人生的考验

前面讲过，我们的人生意义在于为社会、为世人做贡献，在于提升心性、磨砺灵魂。而这便是"敬天爱人"的活法。那么我们的人生中为何会有诸多苦难和考验呢？

显然，它们对我们的人生势必有某种意义。前面提到过西乡隆盛流传后世的七言绝句，其中一句是"几历辛酸志始坚"。所谓志，是指"为社会和世人而锻炼自我、提升自我的决心和境界"，也是将"正确活法"付诸行动的意志体现。换言之，如果只是挂在嘴边或留在心中的念想，则仍未达到"正确活法"的真正境界。唯有通过无数次命运的考验，才算是正确活法的坚定实践者。

西乡曾说："行道者，顾逢困厄。"意思是凡是依循正道之人，总会遭遇各种艰难困苦。但在他看来，即便如此也要克服困难、淡然处之，并愈加乐于正道。他说："故尽行道乐道，若逢艰难，凌之，愈行道乐道。"

所谓"正道"，便是遵循天理、为社会和世人做贡献的活法。在西乡看来，要走正道，则必会遭遇艰难困苦。他鼓励人们不要怯弱害怕，而要把克服和战胜困难视为人生的乐趣所在。而这便是上天所支持的活法。

佐藤一齐也曾说道："人生之遭遇，若以路喻之，则险路坦途皆有之。若以川喻之，则缓流激浪皆有之。此乃自然命数，不可免也，亦乃易之四象也。故人应安于当下，乐观变化。若终日忧虑，急于避之，绝非达观者之见识也。"佐藤还说道："人者，不可不忙中取静闲，不可不苦中寻乐趣也。"

后来的阳明学者安冈正笃在其著作《六中观》中亦有"忙中有闲，苦中有乐"的论述。二者的思想主旨如出一辙。安冈在《六中观》中的论述对于理解稻盛和西乡的活法亦有所帮助，故摘选如下：

第一是"忙中有闲"。如果没有忙碌只有空闲，则会无所事事、精神涣散。因此忙中有闲才是真正的闲适。

第二是"苦中有乐"。苦里面才有真正的乐。如果整日取乐，则人会懈怠堕落。

第三是"死中有活"。只有被逼至绝境，以死相搏，才能绝处逢生，找到活路。

第四是"意中有人"。平时要为他人着想，自己需要帮助时才会有人伸出援手。要重视人脉、珍惜挚友。

第五是"壶中有天"。不管当下境遇如何，人都能打造自己的内心世界。换言之，每个人都应该培养一点儿兴趣爱好，可以学哲学，也可以学其他。这样的内心天地如同"壶中之天"，决定了一个人的风雅和内涵。

第六是"腹中有书"。腹中要有哲学，要有信念，要有"万卷书"。假如一个人腹中无书，毫无学识，则混沌迷惘。

而在稻盛和夫看来，构成我们人生的要素有二。一是"命运"，二是"因果报应的法则"。"命运"是先天被赋予的，而"因果报应"是后天的思想和行动所造成的。他曾说道："构成人生的要素有二。一是先天的'命运'，二是后天的思想和行动所造的'业'。'业'也可称为'因果报应的法则'。而这'命运'和'因果'便如DNA的双螺旋结构一般，构成了我们的人生。要注意的是，对于人生的影响，'因果报应的法则'要强于'命运'，前者甚至能够改变后者。如果能够思善行善，就能使自身命运朝着好的方向发展。"

正因为"命运"与"因果"相互交织，所以人生有喜有悲、有起有落。而稻盛和夫则把这种波澜万丈的人生视为造物主赐予我们的"考验"。换言之，不管是获得幸运还是遭遇厄运，都是上天的考验。

稻盛说:"面对考验的态度和所作所为,会在很大程度上左右今后的人生。"顺风顺水时,切不可骄傲自满,而必须谦虚谨慎。这点要做到不容易,但如果做不到,之后便会有不良果报的反弹。

反之,面对逆境厄运,如果能够不怨天尤人,视其为提升自我的机遇并努力战胜困难,则必能收获成功和光明的未来。更重要的是,通过这样的磨炼,人能够悟到真正的"人生意义":为社会、为世人做贡献。

稻盛还说道:"'命运'与'因果报应的法则'如同交织着人生的两条线,它们使人生变得诸行无常、波澜万丈。所谓一辈子平稳平坦的人生是不存在的。不管碰到苦难还是幸运,都是一种考验,关键在于我们能否一直以谦虚积极的态度去面对。一个人活在世上,是犹如身在天堂还是身在地狱,完全取决于此。"

名言精华集萃

　　纵观成就伟业之人，都在年轻或年长时经历过艰难困苦。可见，唯有战胜超乎想象的困难和逆境之人，才能最终创造伟大成就。

——稻盛和夫

　　若逢艰难，凌之，愈行道乐道。

——西乡隆盛

与外国及外国人的相处之道

前面提到，西乡隆盛属下级武士出身，其最早负责的工作也是巡视农村，属于底层差役。因此直到被岛津齐彬提拔重用后，他才有机会认真思考日本与外国的关系。再加上那个时代"尊王攘夷"之风强盛，青年时的西乡亦受其影响。

不仅如此，在跟随齐彬前往江户时，他拜会了被誉为"尊王攘夷代表人物"的藤田东湖，并获得了藤田的赏识。这也导致在很长一段时间内，西乡在情绪上强烈抵触西方文明。

但西乡尊敬的齐彬则不同，在亲自考察和分析了世界局势后，齐彬明白，倘若不与外国开展交流、和谐相处，日本今后便难以为继。因此致力于学习、研究和引进西方的文化和技术。其目标很明确：先对外学习、充实国力，后积极促进与外国的交流。

对于萨摩藩内子弟的教育方针，齐彬当时曾说道："今若仅凭传统儒学，恐难足以适时也。今若不宏观世界，国政恐难为也。今者，可与外国通信，可来去世界各处之时也。故应充盈本国之国体，取他国之长以补己之短，重国防之务，扩船舶之便，赴外交流，扬吾国威。此乃第一要旨也。此举可示吾皇国之力。今修学育人，应以此为基也。"

在齐彬的指导之下，当时的西乡想必一边心怀纠葛，一边不断思考何为日本与外国之间的理想关系。

而在齐彬死后，他才真正得出了明确答案。由于局势使然，他不得不亲自站在时代前沿，作为藩政乃至国政的领头人物。当时的他一边与对日本窥觊已久的西方列强周旋，一边持续关注清朝及朝鲜的局势。如何守住日本的地位，如何促进日本的发展，这些都是他不得不认真思考的问题。而他的盟友大久保利通也在日夜思考日本的外交政策。

一般来说，大久保对于西方的注意和重视要远远早于西乡。因为大久保的父亲曾在琉球馆任职，参与萨摩藩的对外贸易活动。不仅如此，大久保的外祖父皆吉凤德从年轻时起便是江户有名的"西洋通"，他学习和研究以荷兰为代表的西方科学、技术文化和医学，还因建造了日本首艘西洋式帆船"伊吕波丸"而广为人知。或许由于这样的耳濡目染，大久保倾向于积极引进西方文化和技术，从而发展日本产业，属于现实派的政治思想。与其相对，在西乡看来，不管是个人的活法还是国家的发展之路，都应以"正确的原理原则"为第一要旨，引进文明和振兴产业次之。换言之，对于西方的精华，西乡觉得当然应该学习和吸收，但他不提倡不加分辨地引进，认为那是"崇洋媚外"。

对此，他曾说道："启人智，即开爱忠孝之心。报国勤家之道明，百般事业随进。或启耳目，架电信、铺铁道、造蒸汽装置器械，耸人耳目。然何故电信铁道不可缺乎？注目者无几。妄羡外国之盛大，不论利害得失，房屋构造及至玩物，仰外国，长奢侈之风，浪费财用。国力疲敝，人心流于浮薄，终无外乎本国溃也。"

而对于外交态度，他论述道："行正道，以倾其国之魄力，方可与外国交际。畏彼之强大，主圆滑，曲从彼意，则招轻侮，欲亲反裂，终受彼之制矣。"

经历了幕末和明治维新的那一代"明治人"中，拥有风骨和充满气概的似乎很多。除西乡，福泽谕吉也在其著作《劝学篇》中写道："如果理在对方，即便是非洲中排名末尾的落后弱国，也应诚恳道歉；如果理在我方，即便是英美这种船坚炮利的西方强国，也应毫不退缩。一旦国家受到侮辱，日本国民皆应拼死抵抗，维护国家的尊严和威望。唯有此，一个国家的自由和独立才能得以保障。"

那么稻盛和夫又是如何看待外交问题的呢？从结论上来说，他与西乡的想法颇有共通之处。因为稻盛在各个方面都忠实地遵循"行正确之事"的原理原则。而且这种开诚布公的态度反而容易获得外国的理解。反观日本至今的外交政策，政客们往往一味强调自身国情，有时即便违背原理原则，也依然执着于确保自己眼前的利益。有时却又过于卑屈，无法堂堂正正地提出正确主张，而一味看人眼色，趋炎附势。这些都是违背原理原则的行为。

因此稻盛阐述道："随着全球化的日益推进，日本这个岛国也不得不融入国际社会。不仅在工作方面，哪怕在日常生活方面，都免不了与外国人打交道，有时甚至不得不'过招'和'交锋'。一旦碰到这种情况，不要阿谀奉承，也不要一味附和。在我看来，应该摆事实、讲道理，堂堂正正地提出自己的主张。欧美文化原本就重视逻辑思维，这样反而能获得对方的理解和尊重。"

他还认为："至于判断的基准，则是'扪心自问'。即把手放在胸口问自己'作为人，（这么做）是否正确'。因为这种原理原则是普遍性的，其超越了国境和种族，即便存在文化冲突，但大家在人性本质方面皆相同，所以一定能够得到对方的理解。"

稻盛在美国并购和经营公司的过程中，可谓饱尝艰辛。而在经历了这一切后，他发现，如果坚守原理原则，反而能够获得对方的由衷理解，也能促成今后的成功发展。他把这样的经验和心得写成了《追求成功的热情》① 一书。

当年，京瓷收购拥有将近 1 万名员工的美国知名电子部件

---

① 此书中文版《活法贰：成功激情》已由东方出版社出版。

生产商 AVX。为了让 AVX 的员工能够知晓和理解京瓷的理念和稻盛的思维方式，稻盛不断召开学习会。他先将其著作《提升心性，拓展经营》的英文版发给 AVX 的干部们阅读，再加上稻盛答疑的内容，经过编辑，便构成了《追求成功的热情》的内容。

通过上述学习会，AVX 的员工们也对京瓷的经营哲学和稻盛的思维方式产生了共鸣。大家彼此信赖、相互尊敬，使公司业绩获得了飞跃性的增长。

对此，稻盛曾说道："不管时代如何改变，人的本质并不会变。我们必须认真探求人最基本的伦理和哲学，譬如'何为人''何为理想的人生''何为正确的做人原则'等。由此确认自身的存在意义，进而确立作为人生指针的哲学思想。"

稻盛的这番话可谓重要的原理原则，且与西乡的如下教诲有共通之处："忠孝（忠义与孝行）、仁爱（体恤、尊重他人）、教化（培养道德素质）之道，乃政事之本，亘万世通宇宙不易之要道也。道乃天地自然之物，纵西洋亦无别。"

由此可见，在外交问题及如何与外国人相处方面，稻盛和西乡的思想可谓如出一辙。

名言精华集萃

作为人的原理原则超越了国别和时代，可谓人类的普遍共识。

——稻盛和夫

道乃天地自然之物，纵西洋亦无别。

——西乡隆盛

日本应走的发展之路

西乡既是推进时代变革的革命家，但在维新完成后，他又是追求理想的政治家。对于现实的政治斗争，西乡感到不适。对于忙于谋取权力和满足私欲的政客和官僚，西乡予以教育和劝阻，可他们却一意孤行，这也让西乡感到厌恶。

维新事业尚未完成，唯有西乡能够胜任废藩置县等消除封建残余的改革。废藩置县绝非易事，如何预防反弹导致的动乱，如何彻底废除一系列封建制度的附属产物，是最困难的政治课题。谁能完成这一艰巨任务呢？除了为理想不惜生命，不慕名誉、金钱和地位的西乡外，无人能胜任。

而事实亦是如此，在由日本当时主要政治家组成的岩仓使团出国考察的整整两年里，西乡领导的"留守政府"完成了一系列改革。

胜部真长所著的《西乡隆盛》中，以条目的形式归纳了西乡内阁在那两年间的改革业绩，现引用如下。

一、人权问题：废除封建身份等级制度

明治四年

8月9日 允许断发及废刀解除武士佩刀义务。

8月17日 禁止武士斩杀对自己无礼的平民。

8月23日 允许华族、士族和平民间相互通婚

8月28日 废除"秽多""非人"的称呼，使不同
　　　　　职业和出身的平民身份平等。

12月18日 允许华族和士族子弟学成毕业后自由选
　　　　　择职业。

明治五年

1月29日 废除下级武士身份。

3月 允许女性进入神社和寺庙。

4月9日 允许僧侣吃肉、娶妻和留发。

6月 基于人道主义处理"玛利亚·路斯号"事件。

8月30日 解放佃户阶层，允许农民自由选择职业。

10月2日 禁止贩卖人口，解放娼妓、年季奉公人。

11月28日 发布全国征兵的诏书（建立全民皆
　　　　　兵制）。

明治六年

2月 撤除切支丹禁制高札。

二、土地制度问题：改革封建经济体制，制定近代 土地制度

明治四年

9 月 7 日 废除作物耕种限制令，允许农民自由选择
　　　　耕种的作物。

明治五年

2 月 15 日 允许土地永久性转让和买卖，颁布了名
　　　　为"地券交易规则"的地产政策，承认
　　　　了近代社会的所有权（私有权）。

明治六年

7 月 28 日 修订地租制度。

　　废除之前的"贡纳制"（以实物作为地租，且各藩
的土地税参差不齐），调查地券，把"贡纳制"改为
"金纳地租制"，将土地税定为地价的 3%。

　　（由于税率过高，不少地主和富农放弃了手中的土
地，扩大了小农的人口规模，增加了当时日本低收入
阶层的人口基数，他们成为日后日本主要的廉价劳动
力，从而为日本商品打开国际市场奠定了基础。）

三、着手户籍改革

明治五年

1 月 展开全国户籍调查。

四、普及教育制度

明治四年

7 月 18 日 废除旧大学制度，改设"文部省"。

明治五年

4 月 25 日 设立"教导职"。

5 月 将"陆军兵学寮幼年舍（陆军军事培训处幼
　　年学舍）"改为"幼年学校"。

8 月 2 日 颁布《关于奖励学事的通告》，阐明了日
　　本的新学制。

将全国划分为 8 大学区，每个大学区内包含 32 个
中学区，每个中学区内包含 210 个小学区（共计 53780
个），整体呈金字塔结构。该政策实施两年后，日本全
国的小学数量增至 24225 所。

五、引进西方文明

明治四年

11 月 大阪—神户的铁路全线开通。

12 月 东京—长崎的邮递服务开通。

明治五年

4 月 东京—大阪的电话业务开通。

9 月 新桥—横滨的铁路开通。

11 月 采用太阳历。制定国有银行条例。

六、引入法制制度

明治五年

10 月 2 日 发布《太政官布告第 295 号》，禁止贩
　　卖人口。

10 月 7 日司法省发布第 22 号公告，明文禁止以
"养女"的名义侵害女性人权。

11 月 28 日司法省发布第 46 号公告。

该公告包含 6 大条款。明文规定，当地方官员滥用职权侵害民权时，人民可以向法院提起诉讼、寻求帮助。

西乡的政治改革措施废除了封建制及相关残余，并奠定了基于正义和尊重人权的国体基础。可谓取得了诸多成果。

但在考察学习欧美的岩仓使团回国后，政府内掀起了围绕"征韩"的论争。这表面上是国策分歧，其实是政治权力斗争，这使西乡决定退出中央政治局。

前面也提到，对于"征韩"，西乡显然持否定态度。因为他的政治信条及个人活法一直遵循"践正道，尽其义"，且"言行一致"和"知行合一"亦是其信条，因此他自然不会心生随便侵略他国的想法。不仅如此，他还批判西方列强入侵弱国、残忍殖民、牟取利益的行为，并主张应该"对未开化之国本慈爱、恳说谕，启其开明"。可见，他在外交方面与内政一样，都将德道和道义一以贯之。

胜部真长所著《西乡隆盛》一书中，前序部分便对西乡的特质做了恰如其分的描写，现选摘如下："西乡当时在战场上给鹿儿岛的大山县令写过信，信中说道'从始至终，吾等从未论

胜负，唯为天理捐躯耳'。可见，西乡与中央政府开战的目的只有一个，那就是贯彻信条。至于他的信条，在《南洲遗训》中讲得很清楚，即'践正道，尽其义'。换言之，西乡贯彻的是正义和人道。当时以大久保为代表的明治政府强调富国强兵，而西乡则主张建立'道义国家'。在他看来，倘若没有正义和人道，富国强兵也无从谈起。他之所以自荐担任遣韩大使，也是因为想在正义及人道的立场上与韩国交涉。"

内村鉴三所著《代表的日本人》一书中，在介绍西乡隆盛的章节末尾，内村总结道："西乡拥有纯粹的意志力和伟大的道德心，可谓最高层次的伟人。他立志把祖国的国体建于健全的道德基础之上，并通过尝试，取得了部分成功。"

当然，纵观后来的日本历史，实际上与西乡理想中的"有德国家"渐行渐远。但正如内村鉴三所说，西乡通过实践，进行了尝试。这份愿意尝试的勇气，则被有志的后人继承，尤其是那些学习西乡教诲并付诸实践的人。

稻盛和夫便是其中之一。稻盛十分赞同川胜平太国际日本文化中心的教授提倡的"富国有德"概念。所谓"富国有德"，即"不以财富，而以德立国"或者说"以财富国力为手段，以德为基础，乐善好施，帮助他人及他国"。换言之，不靠武力或经济，而靠善行，以德服人，从而获得他国的信赖和尊敬。不仅如此，他还阐述了自己的如下观点，可谓遵循西乡"有德国家"理念的楷模：

至于日本应走的路，在我看来，既非经济大国之路，也非军事大国之路，而应以德立国。换言之，日本既不应该成为精于算计和牟利的国家，也不应该成为忙于炫耀武器和军力的国家，而应该把"道德"这种人类崇高的精神作为国家理念的基础，并以此为原则，与世界各国交往。

　　只有做到了这一点，日本才能真正被国际社会所需要，才能真正受到国际社会的尊敬。试问又有谁会威胁或侵略具备如此高尚德行的国家呢？从这个层面来看，这可谓最好的国家安全保障政策。

名言精华集萃

世相正可谓映射人们心境的镜子。企业与经济的健康发展也好，社会与国家的光明未来也好，全世界人民的和平安宁也好，都源于我们每个人的心境。唯有提升心性，才能实现它们。

——稻盛和夫

行正道，以倾其国之魄力之精神，方可与外国交际。

——西乡隆盛

为社会、为世人而活

为了验证稻盛和夫不断成功的真正原因，我们已经从各方面详细比较并学习了他和西乡隆盛的人生轨迹及思维方式。在此过程中，我们明白了二人活法的共通之处：为社会、为世人。二人的事迹教导我们，"为社会、为世人"才是我们应该追求的活法，才是正确的人生之路。

"敬天爱人"既是京瓷的立身之本，也是稻盛自己的人生信条。"为社会、为世人而活"是上天及宇宙的意愿体现，是守护万物的自然意志，是造物主赐予我们生命的目的。

"敬天爱人""为社会、为世人而活"即"利他心"。这种诚实、勤奋、利他的精神，与马克斯·韦伯阐述的资本主义精神如出一辙。换言之，正确的商业行为不应只顾获取自身利益，而应以诚实和勤奋的态度付出劳动，最终也使他人得利。这种利己利他的"利"才是真正理想的利益。

马克斯·韦伯研究和提倡的这种资本主义精神源于欧美的新教伦理。而在日本，类似的理论则源于儒教精神，并通过江